左傳眞僞考及其他

[瑞典]高本漢◎著
陸侃如◎譯

山西出版傳媒集團
山西人民出版社

圖書在版編目(CIP)數據

左傳真僞考及其他 / [瑞典]高本漢著；陸侃如譯. 一太原：山西人民出版社，2015.9(2024.2重印)
(近代海外漢學名著叢刊 / 鄭培凱主編)
ISBN 978-7-203-09085-4

Ⅰ. ①左… Ⅱ. ①高… ②陸… Ⅲ. ①中國歷史－春秋時代－編年體②《左傳》－研究 Ⅳ. ①K225.04

中國版本圖書館CIP數據核字(2015)第192828號

左傳真僞考及其他

叢刊主編　鄭培凱
著　　者　[瑞典]高本漢
譯　　者　陸侃如
責任編輯　梁晋華
助理編輯　郭向南

出 版 者　山西出版傳媒集團·山西人民出版社
地　　址　太原市建設南路21號
郵　　編　030012
發行營銷　0351-4922220　4955996　4956039
　　　　　0351-4922127(傳真)
天猫官網　https://sxrmcbs.tmall.com　0351-4922159(電話)
E-mail　sxskcb@163.com　發行部
　　　　　sxskcb@126.com　總編室
網　　址　www.sxskcb.com

經 銷 者　山西出版傳媒集團·山西人民出版社
承 印 廠　山西出版傳媒集團·山西新華印業有限公司

開　　本　700mm×970mm　1/16
印　　張　13.75
字　　數　139千字
版　　次　2015年9月　第一版
印　　次　2024年2月　第二次印刷
書　　號　ISBN 978-7-203-09085-4
定　　價　69.00圓

近代海外漢學名著叢刊編委會名單

總主編　鄭培凱

編委會　傅　杰　霍　巍　戴　燕（按姓氏筆畫排序）

總策劃　越衆文化傳播·周　威

總監製　南兆旭

統　籌　徐　勝　顔海琴

出版工作委員會

主　任　李廣潔

副主任　姚　軍　石凌虚

委　員　梁晉華　張文穎　秦繼華　馮靈芝　張　潔　崔人杰　王新斐　郭向南

設計總監　李尚斌

設計製作　王秀玲　吴圳龍　何萬峰　歐陽樂天

出版説明

近代海外漢學名著叢刊選取一九四九年以後未再刊行之近代海外漢學作品，編例如次：

一、本叢書遴選之作品在相關學術領域具有一定的代表性，在學術研究方嚮、方法上獨具特色。

二、爲避免重新排印時出錯，本叢書原本原貌影印出版。影印之底本皆經專家組審定，原書字體大小、排版格式均未做大的改變。

三、爲使叢書體例一致，本叢書前言、後記均采用繁體字排版。

四、個别頁碼較少的版本，爲方便裝幀和閲讀，進行了合訂。

五、少數作品有個别破損之處，編者以不改變版本内容爲前提，部分進行修補，難以修復之處保留缺損原狀。

六、原版書中個别錯訛之處，皆照原樣影印，未做修改。

由於叢書規模較大，不足之處，在所難免，殷切期待方家指正。

總序／温故而知新

晚清以來，西力東漸，西方文化思想的著作也大量譯成中文，最著名的如嚴復與林紓的譯著，影響了整個二十世紀中國的知識界與文學界，使得中國文化的思維脈絡爲之丕變。除了西方思想經典、文學與實證科學著作的翻譯，以實證方法系統化探討中國文史的域外漢學，也對中國學術思想界産生了莫大衝擊，改變了中國學術的著述方法與取嚮。

中國傳統的知識結構，是按經史子集四庫分類的，以儒家意識形態的經學爲文化知識的砥柱，以史學爲貫串歷史經驗的殷鑒，至於子部與集部，則是作爲保存文獻、擴大知識面的附帶知識，可以耽情冥想，可以悠遊玩賞，却都是邊緣化的知識，無關聖教的弘揚，無關文化精髓的宏旨。西方文藝復興之後的現代學術體系，在知識分類上，與中國傳統大相徑庭，講究系統分科，不同知識領域各有其客觀存在的價值，有其相對獨立的目的與標準。日本知識界在明治維新以來，鑒於東方文明落後於西方的船堅炮利，率先效法西方，在追求「文明開化」、「脱亞入歐」的過程中，爲日本學術發展循着現代西方的體例，建立了哲學、文學、歷史學、經濟學、法學、商學、物理學、化學、地質學、醫學、農學、工程學、植物學、動物學等等新型學科，企圖與西方學術齊頭並進，從而影響了中國近代學術體系的發展。

本叢刊選印二十世紀上半葉出版的漢學譯著近百冊，分爲三大類：「歷史文化與社會經濟」、「古典文獻與語言文字」、「中外交通與邊疆史」，反映民國時期學術界重視西方及日本漢學研究的成果，藉助他山之石，重新審視中國傳統歷史文化的意義，特别是開拓了傳統學術忽略的領域。五四新文化運動以來，中國學者如蔡元培、胡適都提倡「整理國故」，以理性實證的方法，對中國文化傳統做出系統化的研究，是與這些漢學譯著相輔相成的。這些譯著除了介紹域外漢學的成果，還引進了嶄新的學術研究方法與視角，有助於梳理中國文化傳統的脈絡，重新整合知識結構與學術體系。雖然這些學術著作不是中國學者的成就，無法納入二十世紀中國文史學術的主脈，但是從中文譯本的影響而言，起碼也應當視爲中國近代學術發展的支脈或潛流，不容忽視。可惜的是，到了二十世紀下半葉，因爲兩岸政治形勢的變化，這些漢學譯著，除了部分因王雲五重新入主臺灣商務印書館，而得以在臺灣做了少量的重印，在大陸的出版界，則完全受到遺忘，甚至在許多新成立的大學圖書館中也不見踪影。我們搜集了近百冊塵封的漢學譯著，呈現給二十一世紀的中國學術界，一方面是爲了銘記前人爲推展學術而做出的努力，另一方面也是爲了提醒新常態時期的學人，學術發展有其歷史累積的脈絡，可以從中汲取歷史經驗，温故而知新。

説到「温故知新」與這批早期漢學譯著的關係，可以從兩個方面來思考，以見翻譯域外漢學如何反映了時代精神，爲融匯東西方學術思維，重新闡釋中國文化傳承，做出不可磨滅的貢獻。一是域外漢學的研究對象，以中國歷史文化典籍爲主，屬於中西文化碰撞期間興起的「國學」範疇，與五四新文化人物提倡的「整理國故」運動若合符節。研究中國歷史文化，並賦予新的學術意義，是清末民初知識精英念兹在兹的心結。歷史發展走到一個環節，時代的狂風揚起了批判傳統的大旗，風中的英雄幫着推波助瀾，却又無時或忘自己民族文化主體的未來，糾纏於「傳統」能否「現代」的困境。域外漢學的出現，以西方實證方法研究中國歷史文化傳統，綜合東西方各種語言文字材料，擴大了研究國學的眼界，即使無法打開中國文化傳統是否走到盡頭的心結，至少是提供了一個解惑的方嚮，在大霧瀰漫的夜晚，看到了依稀渺茫的星光。

二是翻譯域外漢學，有一種以子之矛攻子之盾的吊詭作用，逐漸化解了中國文化思維中的自大心理與封閉心態，讓唯我獨尊的國粹基本教義派解除武裝到牙齒的盔甲，轉而吸收並接受西方實證研究的學風。民國期間新式教育制度的推行、學術體系的變化、大學學術專業的創建，具體到北京大學國學門的成立，中央研究院規劃歷史、語言、考古的研究領域，都與翻譯域外漢學背後的旨意是息息相關的。因此，重新閱覽這批民國期間的漢學譯著，對二十一世紀的現代學人來説，温故而知新，不但可以窺知民國學人追求新知的心理狀態，也會刺激吾人反思，認真思考學術研究方法與中國學術發展的前景，更進一步，探索文化傳統的重新闡釋與新知介入的關係。知識體系的變化當然與傳統的重新闡釋有關，是外爍的影響大呢，還是內因變化的成分居多？

論語·爲政記載孔子説：「温故而知新，可以爲師矣。」歷代解經，對這個「爲師」的道理，有兩種相近似但又取嚮不同的解釋。朱熹四書集注説：「故者，舊所聞。新者，今所得。言學能時習舊聞而每有新得，則所學在我而其應不窮，故可以爲人師。若夫記問之學，則無得於心而所知有限，故學記譏其不足以爲人師，正與此意互相發也。」雖然朱熹把知識分爲「舊所聞」與「新所得」，强調的却是「學而時習之」，從中生發新的心得，也就是從詮釋舊典中得到新知。這個説法與朱熹在鵝湖之會以後，作詩唱和，寫給陸九淵的詩句，「舊學商量加邃密，新知涵養轉深沉」，异曲同工，是一個意思，萬變不離其宗，舊學與新知是同一個脈絡的知識學理。

然而，有些朱熹之前的經學家，解釋「温故知新」，却有不同的取嚮。皇侃論語義疏就説：「故，謂所學已得之事也。所學已得者則温尋之不使忘失，此是月無忘其所能也。新，謂即時所學新得者也。知新，謂日知其所亡也。若學能日知所亡，月無忘所能，此乃可爲人師也。」皇侃明確説到，「故」指的是過去所學的知識，而「新」則指的是新近學到的知識，新舊結合，相互發明，就可以「爲人師」了。邢昺論語注疏循着皇侃的思路，也説：「言舊所學得者，温尋使不忘，是温故也。素所未知，學使知之，是知新也。既温尋故者，又知新者，則可以爲人師也。」這裏講的「素所未知」，就不衹是研讀舊學，有了新的體會，從過去的傳統中發展出的「新知」，而是從來没聽過、没想過的新學問了。這種「素所未知」的新學問，結合「舊所聞」，對習以爲常的知識框架，就會産生巨大的衝擊，而出現飛躍性的結構變化。知識内容或許大體沿襲傳統，知識結構却得以重新整合，出現嶄新的認知系統，重新審視自己文化傳統的意義，打開文化傳承的新局面。二十世紀上半葉的漢學譯作，就發揮了這樣的作用，促使中國學者放棄自我中心的文化態度，從各種不同側面，探知中國歷史文化的光譜，以域外（或是全球）的角度觀測中國傳統，摇動了文化的萬花筒，看到七彩繽紛的中國。

嚴復在甲午戰争之後，改良變法思想風起雲涌之時，開始大量翻譯西方思想經典著作，是有感於國人（特别是傳統文化孕育的知識精英）思維系統封閉，企圖介紹實證新知，引進邏輯思維的方法，以破除儒學之道「一以貫之」與「放之四海而皆凖」的虚妄。他翻譯天演論，在序文中提到，有人歸納東西方學術思想，認爲中國文化重精神，是形而上之學，立意高超，而西方文化重物質，是形而下之學，衹追求功利的回報。他認爲，這種自以爲是的蒙昧態度，陷入傳統舊學的框囿而不自知，没有自我反思的能力，無法吸收「素所未知」的新知識，也就無法開展並弘揚自己的文化傳統。嚴復非常清楚他翻譯西方經典的目的，是爲了介紹新知，打破中國傳統思維的封閉性，但是，作爲披荆斬棘的拓荒人，他深知思想封閉者的頑固心理，必須因勢利導，以免遭到盲目衛道之士的攻訐。嚴復有其防身的策略，不會像許褚戰馬超那樣赤膊上陣，而是以桐城文章譯述赫胥黎、斯賓塞、穆勒、亞當·斯密、孟德斯鳩，博得晚清知識精英的贊許，文章深閎而傳入了新知義理。從文化變遷的角度而言，通過翻譯，以迂迴戰術來介紹西方思想，得到巨大的成功，産生了改變傳統思維體系的實效，是中國近代思想史上影響深遠的大事。以此類推，民國時期大量翻譯域外漢學的影響，也是不容忽視的思想史課題。

關於清末民初西方學術思維衝擊中國知識精英，顛覆傳統文化的知識結構，錢穆在現代中國學術論衡的序言中，從中國文化本位的立場，發出深刻的感慨，做了籠統的批評：「文化异，斯學術亦异。中國重和合，西方重分别。民國以來，中國學術界分門别類，務爲專家，與中國傳統通人通儒之學大相違异。循至返讀古籍，格不相入。此其影響將來學術之發展實大，不可不加以討論。」錢穆所指出的問題，是傳統知識體系强調「通」，文史哲不分家，最崇尚通儒，而現代學術講究專業分科，各司其職，以至於讀不通古籍呈現的整體性知識思維。姚名達在撰寫中國目録學史的時候，對西力東漸，西潮帶來的翻譯著作及新知新學，也有類似的感慨：「四部分類法，不合時代也，不僅現代爲然。自道光、咸豐允許西人入國通商傳教以來，繼以派生留學外國，於是東西洋洋籍逐年增多。學問翻新，迥出舊學之外。目録學界之思想不免爲之震蕩。」這種對學術體系發生重大變化的觀察，反映了中國學人從晚清一直到民國，夾在東西方兩種不同思維體系的衝突中，身歷其境的切身感受，因此感觸良多。

二十世紀上半葉最能代表中國學術的通儒是王國維與陳寅恪，他們浸潤了經史子集的四部知識傳統，承繼乾嘉篤實的考據學風，却都經過西洋邏輯思維與實證科學的洗禮，參與中國知識結構的轉型。對西方現代知識結構如何在中國生根發芽，不但再三致意，并且以自己的學術實踐來努力促成。王國維早在一九〇二年就寫信給張之洞，反對把經學列爲大學分科之首，而主張效法西方與日本的大學，設立哲學科，明確指出知識結構的分類不可因循傳統，而必須另起爐竈。陳寅恪在一九二五年就清華大學建制的問題，寫了吾國學術之現狀及清華之職責，指出大學的職責在於學術之獨立，而中國學術界的情況令人十分不滿，必須認真效法西方學術的體制及實踐。他說：「蓋今世治學以世界爲範圍，重在知彼，絶非閉門造車者比。」這兩位國學大師，對西方與日本的漢學研究十分注意，都是以開放態度對待域外漢學研究，集思廣益，以成其大家。

再回到「温故知新」的歷代經解，説説文化傳承的闡釋學意義。劉寶楠在論語正義中指出，上古之時，文化知識是上層統治精英的家學，不再治理實際政事的長者可以傳遞德行的知識，可以爲人師。「温故而知新」，就顯示長者不忘舊時所學，且能吸收新知，繼承并發揚這種學術與政治合一的傳統。到了孔子之時，時代出現了變化，士大夫不見得能够謹守家法，弘揚德行，也不一定能够「爲師」了。孔子之後，世變日亟，「道術爲天下裂」，文化知識不再爲少數統治精英所壟斷，也不必然與治理政事有關，學術在民間百花齊放，百家争鳴。但是，學術知識發展的脈絡基本未變，仍然是要温故知新，進德修業。從劉寶楠不經意的闡釋中，可以看到時代變遷影響了學術文化的內容，改變了知識結構的體系，但其内在發展的理路仍舊，還是需要舊學與新知的融合，才能有所發展。

劉寶楠還引述了劉逢禄的解釋：「故，古也。六經皆述古昔、稱先王者也。知新，謂通其大義，以斟酌後世之製作，漢初經師皆是也。」劉寶楠贊成這個説法，並指出，漢唐人解釋「知新」，大多數都沿用此意。也就是説，舊學是傳統的知識結構體系，新知是時代變化出現的新知識，必須相互斟酌，才能發揮得宜。至於如何對舊學「通其大義」，就見仁見智，各有説法了。從這個通達的詮釋來討論近代西學東漸的情況，我們可以看到，「温故而知新」在民國學人的心底，是産生「傳統」與「現代」糾葛的心理陷阱，不易跨越。若依照朱熹的説法，「學能時習舊聞而每有新得，則所學在我而其應不窮」，雖然在哲理上可以模模糊糊説通，但在清末民初的具體歷史環節，西學的新知屬於完全不同的知識體系，在原有的舊學脈絡中，根本無從立足，如何「其應不窮」？所以，真要放之四海而皆準，提升「温故而知新」的普世意義，以理解域外漢學譯著與近代學術知識體系變遷的文化史意義，我們認爲，皇侃、邢昺，一直到劉寶楠的闡釋，是比較合適，並與現代文化闡釋學的説法相近。

伽達默爾（Hans-Georg Gadamer）在他的名著真理與方法中，説到認知理性與文化傳統的關係，特別指出，人們通過理性，來判斷歷史文化中事實的真相，但是人的理性與生存環境息息相關，與傳統所衍生的豐富文化底藴有關，不可能完全超越文化傳統的思維脈絡。他認爲，人生活在文化傳統之中，就不可能「遺世獨立」，以全能超越的抽象思辨來認識傳統，甚至是批判或顛覆傳統。傳統是歷史文化延續與傳承的表徵，不會一成不變，而我們的認知理性也會因時代變遷，而不斷重新詮釋傳統。伽達默爾的闡釋學以西方文化傳統爲例，説明新知如何納入傳統，而使文化傳統生機不斷，生生不息，與中國歷代經學家的説法（朱熹除外），有异曲同工之效。以此觀照民國時期的漢學譯著，我們認爲，這批學術新知傳入中國，對中國文化傳統的繁衍與發展，實有承先啓後之功。

近代海外漢學名著叢刊的出版，最值得感謝的是南兆旭先生二十多年來搜羅的執着與努力。雖然這套叢刊不能窮盡民國時期的漢學譯著，但是，能滙集上百册自一九四九年以來在國内不曾重印的學術著作，再度公之於世，總是功不唐捐的大功德。忝爲本叢刊的主編，我面對這批民國學術材料，先是感到紛雜無章，有些原作者的學術素養也難副當前的學術標準，甚爲猶豫。後轉念一想，這是上個世紀中國最紛亂時期的學術記録，也是民生凋敝，國勢隤危，内亂外患交加之際，仍有許多學者孜孜矻矻，戮力翻譯域外漢學，爲中國學術的傳承拓展新知的坦途，不禁肅然起敬，開始用心整理分類。掛一漏萬，在所難免，好在有學殖豐贍的静友擔任分卷主編，並撰寫各分卷前言，實在是衷心銘感。有傅杰教授負責「歷史文化與社會經濟」、戴燕教授負責「古典文獻與語言文字」、霍巍教授負責「中外交通與邊疆史」，吾道不孤矣。在整理編輯過程中，周威先生費心最多，也是我要衷心感謝的。

道術之存亡，全在人心之嚮背。這批民國漢學譯著重新問世，對我們生長在承平之世的學人，應當有激勵的作用，爲學術研究多盡份力，讓中國學術發展更上一層樓。

鄭培凱

二〇一五年七月

前言

二十世紀三十年代是中國現代學術史上的一個黄金時期。從晚清的白話文運動，到白話文在民國初年被定爲現代國語，中國的語言也就是「漢語」本身便發生了一個很大的變化。在漢語的這一現代轉化過程中，「新文學」即白話文學、又或稱國語文學的异軍突起，又起到極爲重要的推進作用。因此，現代的漢語和文學，從一開始就如雙生子一樣關係密切，不可切分。

當然，白話文與白話文學的興起，原因不止一個，但不能否認的是，在漫長的從「邊緣」變爲「正統」的道路上，它們都受到過外來的語言和文學的刺激。這裏面既包括有現代漢語對「外來語」的吸納、新文學對外國文學的模仿，也包括了引入歐美日的方法，對漢語和文學加以研究。這個研究，還不單單是針對現代的漢語和文學，也針對古代的漢語和文學。

伴隨着漢語和文學自身的演變，而在語言學界及文學研究界發生的這些轉變，其實是中國學術在各個領域實現其現代轉型的一部分，也可以説是中國現代學術之建立的一個基礎。隨着對東洋、西洋從觀念到方法、從文獻到詮釋的全面開放，在一九三〇年前後，中國的語言學和文學研究也迎來了自己的黄金時代。

這個黄金時代出現的很多學術成果，都是當時中國學者在傳統學問的基石上，吸收外國的方法、結論得到的，如王力所説，那時的語言學，「始終是以學習西洋語言學爲目的」，文學研究也莫不如此。所以，要想説明這個學術上的黄金時代究竟是什麽樣的，又如何形成，勢必要對當時的國外漢學知其一二，尤其要對翻譯成中文出版的漢學書籍有一點瞭解。

語言學方面，自馬氏文通引入西方語法之後，在中國影響最大的恐怕就要數高本漢。從一九二七年的左傳真僞考及其他，到一九七二年的中國聲韵學大綱，他關於中國語言學的論著幾乎都有在中國（包括香港、臺灣）翻譯出版。據説早年間，在他的音韵學論文尚未譯成中文出版前，錢玄同就已經拿着其中幾頁，作上課的教材用。他的中國語言學研究的譯者賀昌群也曾説，在語言音韵學方面有所成就的學者，都是借高本漢之力。

文學方面，一個突出的現象是，日本漢學家的著作被翻譯出版最多。究其原因，大概是由於日本在歷史上受中國文化影響甚深，日本漢學家普遍有很好的漢學功底，到了明治維新以後，又先於中國接受歐美的思想、文化和學術，這兩方面的結合，促使日本漢學界産生出很多新的研究成果，其中就有像兒島獻吉郎、鈴木虎雄、本田成之、青木正兒、鹽谷温、梅澤和軒等人的著作。這些涉及中國古典文學、藝術、思想等領域的論述，兼有東西之長，比較容易爲中國學界理解和認同。因此，在現代中國的文學史、文學批評史、藝術史、哲學史等學科領域，日本的研究範式一度相當流行。

説到海外漢學的影響，還不得不提及海外漢學論著的翻譯出版，在二十世紀三十年代前後是又多又快，像成書於一九三二年的石田幹之助的歐人之漢學研究，一九三四年就有了中文譯本，就是典型的一例。這固然是由於當時的中國學界對於及時掌握海外漢學動嚮，有一種普遍的要求，可是不能忘記的是這些漢學論著的譯者，在這中間扮演了很重要的「驛騎」角色。

在這裏，也許不需要再去重復趙元任、羅常培、李方桂這一黄金組合翻譯高本漢中國音韵學研究的故事，不需要説明高本漢論著的大多翻譯者，如張世祿、賀昌群等，也都是很好的專業學者。就連最早的左傳眞僞考及其他，也是經胡適推薦，由當年聲名鵲起的新鋭陸侃如翻譯的。而在陸侃如看來，他的譯介，就是爲了「東海西海互相印證」（譯跋）。

值得一説的，倒是譯過不少日本書籍，不限於漢學著作的孫俍工。孫俍工一九二四年赴日留學，他本來學的是德國文學，可是很快翻譯了鈴木虎雄的中國古代文藝論史、鹽谷温的中國文學概論講話、本田成之的中國經學史、兒島獻吉郎的中國文學通論，興趣完全轉到對中國古典的研究。他在各書的譯序中，談到過對中國祇有整理國故保存國故的口號、成績却不如日本的看法（中國古代文藝論史），談到過他要借翻譯來使人看到在被我們自己抛荒的文學園地裏，經别人代耕，而有怎樣一番禾黍芃芃的景象（中國文學概論講話），也談到過如本田成之對於孔子「别開途徑」的理解，可爲中國學者取法實多（中國經學史）。對中日學界當時情況的判斷，大概是他譯書的動機。據説他在一九二八年回國任教後，短短幾年就編出幾百萬字的書來，其中像中國文藝辭典、世界文學家列傳、中國語法講義等，有人説都涉嫌抄襲日人（彭燕郊那代人·關於孫俍工）。這也大可説明他心目中的日本學術，不光是漢學，何等優越。當然，他翻譯鈴木虎雄、鹽谷温的著作，按趙景深的説法，還是「對於中國文學的貢獻頗大」（文壇憶舊·文人印象·孫俍工）。

另外一位翻譯日文書極其勤奮的是王古魯。王古魯一九二〇年赴日讀的本來是英文系，一九二六年回國後也教過英文，但是他翻譯過的日本書籍，題材廣泛而雜駁，涉及小説與經史之學、語言文學、民族和對外關係，既有論述，也不乏考據。由於他對日本學界的追踪，與他對中日關係的觀察是聯繫在一起的，因此，他在一九三一年翻譯的田中萃一郎西人研究中國學術之沿革、一九三四年編譯的傅斯年等編著東北史綱在日本所生之反響、一九三六年編寫的最近日人研究中國學術之一斑，都在中國學界引起過强烈的反響。在他翻譯的文學論著中，最有名的恐怕就是青木正兒的中國近世戲曲史。吳梅早已表揚過他在翻譯中表現出的專業態度，即對青木正兒引書「無不一一檢校」，故「可爲青木之諍友」（序）。一九五六年他寫信給青木正兒，又説此書不僅獲得「我國各方面極爲重視」，還作爲「中文本」，與王國維宋元戲曲考等六種，入選蘇聯大百科全書的「中國戲曲」條目，説明譯作本身成了經典。而這一次的翻譯，大概也爲他後來到日本搜集古本小説、戲曲，最後成爲造詣頗深的中國文學史研究專家做了很好的鋪墊。中國現代學術史也應該銘記這些譯者的功勞。

戴　燕

二〇一五年六月八日於復旦

作者簡介

著者

高本漢（Klas Bernhard Johannes Karlgren，瑞典人，一八八九年—一九七八年），歌德堡大學教授、校長，遠東考古博物館館長。高本漢是瑞典最有影響的漢學家，他對瑞典漢學作爲一門專門學科的建立，起了決定性的作用。他一生著述達百部之多，研究範圍包括漢語音韻學、方言學、詞典學、文獻學、考古學、文學、藝術和宗教。他在中國歷代學者研究成果的基礎上，運用歐洲比較語言學的方法，探討古今漢語語音和漢字的演變，創見頗多。

譯者

陸侃如（一九〇三年—一九七八年），著名學者，原名侃，又名雪成，字衍廬，筆名小璧，祖籍江蘇太倉。畢生致力於中國古代文學的研究和教學工作，著述甚豐。一九二〇年，入北京高等師範學校。一九二二年考入北京大學。一九二四年由北京大學中文系畢業，考入清華大學研究院專攻中國古典文學。他與夫人馮沅君合著的中國詩史是詩歌領域研究第一部開創性的影響較大的著作，中國古典文學簡史已被譯成英文和羅馬尼亞文。

譯序

瑞典歌德堡大學（Université de Göteborg）教授高本漢（Bernhard Karlgren 或譯珂羅倔倫）先生，是西方研究中國歷史語言的學者中有特殊成績的。我曾陸續譯過他的論文若干篇，現在彙印成這本小册子。

我開始讀高先生的書，還在十年前。那時我的朋友衞聚賢先生正在研究左傳，要我把高先生所著論左傳的眞僞及其性質（On the Authenticity and Nature of the Tso Chuan）講給他聽。我一面講，他一面記，不多時便譯完了。時沅君在北京大學研究所編月刊，我便把譯稿請趙元任先生校閱一下，交她發表。不久，上海新月書店開幕，卽以此稿印成單行本，改名左傳眞僞考。胡適之先生爲牠寫了一篇很長的提要與批評，聚賢又寫了一篇跋。這單行本便是這本書的前身。

譯本出版後，高先生曾不斷的把他的新著寄給聚賢和我。可惜我在歐洲住了幾年，始終沒有機會到瑞典去拜訪他。可是我和他卻不斷的通信，他還替我的周代社會史作序。他治學的謹嚴和待人的誠懇，使我心上對於這位無緣識面的學者永留着不可磨滅的印象。

不料我回國時，新月書店已倒閉了。承商務印書館的好意，願意接印此書。今夏在家，一面侍候病母，一面便整理舊稿。除左傳眞僞考外，再加中國古書的眞僞 (The Authenticity of Ancient Chinese Texts) 及書經中的代名詞厥字 (The Pronun KÜE in the Shu King) 兩篇。附錄四篇：除原有適之先生及聚賢兩篇外，又加沅君的論左傳與國語的異點及聚賢的讀論左傳與國語的異點以後兩篇（均在新月雜志上發表過）。共計七篇，合成一冊，改題今名。

當年左傳眞僞考出版時，在中國史學界曾發生很大的影響。希望這本史學論叢的出版，會產生更大的影響。

一九三五年十一月二十五日，陸侃如序於北平燕京大學。

目次

左傳眞僞考及其他

第一章　中國古書的真僞

中國古書，因爲全是有限本數的手卷，而傳授歷時又甚久，其所遇到的變動，使中國學者很早就感倒考證牠們眞僞的必要。唐代頗有幾位敏銳的考據家如柳宗元等，宋代則這類考據終於造成個很發達的科學運動。學者如郡齋讀書志作者晁公武（紀元十二世紀），子略作者高似孫（十二世紀），直齋書錄解題作者陳振孫（十三世紀），他們的確奠定這種科學的基礎。他們的結論，爲清代皇家書目四庫全書總目提要的飽學的編纂者所採用和補充；而敏銳的考據家姚際恆在古今僞書考（在知不足齋叢書中）裏也如此——此書在一九二四年重印時附有金受申的考釋。我述這些只是當作舉例。還有幾十位多少總算很有能耐的考據家，曾經討論過各種眞僞的問題，我不能在此列舉其名——眞的，我現在並不是想做一個參考書目。

這些考據搖動了對許多從前被認爲眞的古書的信心。現在可以說已經到了一種平衡的狀態了：今日中國學者大體都接受自宋至清的考據的結論，而且認爲事情是完結了。歐洲的『支那學』家大都也以鈔用中國考據家的論斷爲滿意，而且還未細察其證據，卽以其結果爲定論。

然而中國學者考據時所遵守的各種標準的價值，卻並不一致。近代『支那學』家也應該要注意到結論如何得到的問題了，也應該開始把牠審閱一下了。這種考察顯然跟着書的性質而大異，但是我卻先來看看中國學者所援引的幾種主要的標準。

一

根據書中的史料可以決定一個不在某時以前的界限。例如那著名的毛詩鳥獸草木蟲魚疏，曾歸於三國吳（紀元二二二——二八〇年）陸璣；但是陳振孫（武英殿聚珍版卷二頁十二下）指出那書有幾處引用郭璞（紀元二七六——三二四年）的爾雅注，所以牠定在陸璣之後。又一例：齊相管夷吾（管仲，紀元前六四五年卒）卽管子作者的古傳說，卻被否認了（如姚際恆引葉正則所指出的），（譯者註一）因爲書中講到那位獻給吳王夫差（紀元前四九五——四七三年在位）的著名美人西施，還有其他相類的晚周史料。這類時代的錯誤，是頭等的標準；而中國學者因對古書有充分知識，故能盡量應用這個考據的方法。只就此點而言，牠是不會錯的。但是要記住，這只能證明所討論的一段，而不是全書的年代。這種情形若只有一處，那也許是竄入的。一書中有了好幾處，便是致死命的證據了。

（譯者註一）葉正則卽葉適（紀元一一五〇——一二二三年）。

二

古書（例如漢代和六朝的書）所引周代的書，如爲今本所無，那麼這今本是僞的。一個很好的例子是書經中的太誓一篇。江聲（皇淸經解卷三九四）曾輯古書所引太誓而成很長的一篇，這與唐以後官府所承認的傳本書經裏的太誓根本不同。這一點定可證明官本太誓是僞的。這種標準是非常重要的，但也只就此點而言。陳振孫（卷三頁六上）懷疑董仲舒（紀元前二世紀）的春秋繁露，因杜佑（紀元八一二年卒）通典與太平御覽（十世紀）等類書所引爲今本所無。但是也有理由來相信（參看下文七）此書有部分已亡佚。通典與太平御覽所引也許取自亡佚的幾篇，那麼這裏陳振孫的論證就不能據以斷定的了。

三

書的內容是『淺陋』的，所以這書定是僞的！這種標準雖然似古怪而笨拙，但中國考據文章裏卻應用得很多。例如陳振孫說我們現在所有的賈誼（紀元前二世紀）新書不是原作，也只有這一條理由。這種判斷的方法，有時要生出意見上可笑的爭論。哲學家鶡冠子的書，極爲唐代著名文人韓愈（四部叢刊裏的全集卷七頁十一下）所稱許，卻又被與他同時而齊名的柳宗元（四部叢刊裏的全集卷四頁七上）認爲『淺陋』而致疑了。現在正應該從眞僞的討論裏除去這種標準。

四

書的文體並不給我們一個古奥的印象所以書是僞的。這條理論差不多與上條同樣的不謹嚴，但是常常會遇到的。陳振孫對於紀元二八一年出土的逸周書（汲冢周書）的考據（卷二頁四下）是這樣的：『文體與古書不類似戰國（紀元前三世紀）後人依倣爲之者。』據文體來下結論當然是可以的，但僅發洩個人隨便的印象卻還不够；他須明示文體上何種特點是可藉以決定的。這些不謹嚴的判斷在考據文章裏太常見了，實應完全取消。

五

後代編者或注者所述作者事蹟被證明爲假的，那麽這書卽是僞作——這奇異的邏輯常在考據裏遇見。一位哲學家尹文子，曾載於漢書藝文志（與紀元前九年卒的劉向及其子劉歆的七略相同）。一位仲長統（約紀元二〇〇年）作一序，說尹文子生當齊宣王（紀元前四五五——四〇五年）時，與哲學家公孫龍共學。晁公武指出這是不可能的，因宣王與公孫龍並不同時。於是考據家宋景濂便相信這序是僞的，並說：『嗚呼！豈獨序哉！』（附見姚際恆書新版頁二一下。）我們知道些關於作者的古傳說的錯誤，固然是很有意味的，但是如果書的本身與這錯誤無關，那就難於降低此書的價值。

六

從各處集來的關於書籍傳授的史料，在時代上留出許多接不起頭的空當來，這就使人猜疑牠是晚出的僞書這種追遡書籍歷代流傳情形的方法，曾經中國考據家很精巧的應用了，而且得到很有價值的結論。哲學家關尹子（參看陳振孫書卷九頁二一下）首見於漢書藝文志（同於劉向劉歆的七略）以後隋書、舊唐書及新唐書各志皆未言及，直到南宋時（一一二七——一二七九年）纔從一位孫定家裏重新出現，載有劉向校定的序，還有葛洪（紀元第四世紀）的後序。（譯者註二）這個大概可定爲僞書。亢倉子的命運則更有意味，牠本假託爲周代的書。柳宗元曾說司馬遷史記（莊周列傳）說起一部亢倉子，但劉向與班固（漢書藝文志）並不知道牠，所以今本大概是僞的。宋代學者（上文所說的晁、陳及高）都能把這傳說的全部告訴我們。紀元七四二年，皇帝（譯者註三）定了些好聽的名稱給道家的書：南華眞經給莊子，沖虛眞經給列子，洞靈眞經給亢倉子。於是便要去搜求亢倉子，但一本也找不到！爲滿足皇帝的要求起見，一位學者王士元（源）呈獻了一本，顯然是爲此而作的。四庫全書總目的編纂者指出王君自己在孟浩然全集序（四部叢刊本序頁二上）裏也承認『修』過亢倉子。

這一類的案件很能使人信服，但是用法要謹慎。今舉一例爲戒。關於哲學家公孫龍子，姚際恆（頁三二上）說：『漢志（卽漢書藝文志同於七略）所載，而隋志（卽隋書的志）無之，其爲後人僞作奚疑？』但是我們在舊唐書的志裏找到公孫龍子，所以姚的判斷只是根據一種古志的缺載！一個人的著作裏於數百種書名中漏掉一種，也無足怪；——例如康熙字典，還是一羣學者所作，而王引之列舉其誤竟寫了七大卷的書！

（譯者註二）這句未照原文直譯，因爲直齋書錄解題卷九有這樣的話，『首載劉向校定序，篇末有葛洪後序。』

（譯者註三）這裏『皇帝』指唐玄宗。

七

同這種標準相關連的，是下列一種：

篇數或卷數在各種古代記載裏尤其在書目裏，是不同的那麽這書一定被竄亂過，增加過，甚或重製過的。這是中國考據家所愛用的論證，而且我們要知道這論證常被濫用。下列很可注目的例子，是姚際恆（頁二三下）討論哲學家愼子的話：『漢志（漢書的志）法家有愼子二十四篇；唐志（唐書的志）十卷；崇文書目三十七篇。今本止五篇，其僞可知。』（譯者註四）姚似乎不懂書的一部分會亡佚的——在中國古書半數的命運是如此的！我本不願作這種無聊的辨論，只因姚書在中國享有大名，且爲張之洞書目答問所贊許之故，更覺嚴重的是姚（頁二三下）關於哲學家鶡冠子的話：『漢志（漢書的志）止一篇。韓文公（著名的韓愈，紀元八二四年卒）所讀者有十九篇。四庫書目（淸代皇家書目）有三十六篇。逐代增多，何也？意者原本無多，餘悉後人增入歟？』但是這種考據是同樣的沒有價值。第一、四庫書目並未說起三十六篇。隋書以後，這書有三卷。韓愈像是讀了種十六篇的殘本（他的全集中所謂十九篇是誤改的，參看四庫書目卷一一七頁十上）：但北宋人陸佃曾編爲三卷十九篇——此卽今本的編次。（譯者註五）十九篇中有些很短，今本全書也不過等於史記較長的一篇（例如第三十九篇）；所以漢書的志裏說是一篇。

(譯者註四)原文引姚際恆的話誤脫『法家』二字而『唐志十卷崇文書目三十七篇』也誤作『唐志三十七篇』今皆據古今僞書考改正。

(譯者註五)這句中『韓愈像是……是誤改的』一段含義稍晦今附載四庫書目原文於此:『此本爲陸佃所註凡十九篇佃序謂愈但稱十六篇未睹其全佃北宋人其時古本韓文初出當得其眞今本韓文乃亦作十九篇殆後來反據此書以改韓集。』

但有時這種數目似乎嚴重例如董仲舒春秋繁露(參看上文二)隋書的志與唐書的志有十七卷崇文總目(十一世紀)有八十二篇但是中興館閣書目(紀元一一七八年)只有十卷而萍鄉本只有三十七篇所以陳振孫(卷三頁五下)說:『今〔宋〕……本』(是樓鑰本從永樂大典輯出四部叢刊重印者即此)『篇卷皆與前志合——然亦非當〔古〕時本書也。』(譯者註六)

(譯者註六)原文引直齋書錄解題稍有改易今均校正,

要知道這種指摘在怎樣的範圍內方算嚴重,讓我們試驗一種著名可信的書——比如孟子罷!就我所知,牠是一般認爲無庸懷疑的。胡適在中國哲學史大綱裏簡直把漢以前的書幾全認爲僞的,然而他相信孟子是眞的。孟子最早見於司馬遷史記(孟子荀卿列傳卷七四頁一上):『作孟子七篇』。但是我們回到漢書藝文志(同於劉向劉歆的七略)裏卻看見『孟子,十一篇。』說十一之數不是筆誤,漢代確流行種十一篇本,已爲應劭(紀元二世紀)風俗通義所證實,他(四部叢刊本卷七頁三上)說:孟子『作書中外十一篇。』然而第一個編注孟子者趙岐(紀元二〇一年卒)說:『孟子著書七篇。』他的本子就是這樣分的,直到現在這還是個標準的版本。

假使我們應用姚際恆的原則，我們應該說『漢志有十一篇，趙岐只有七篇，我們可以明白這定是僞的！』假使我們更客氣一點，我們應該學陳振孫說：『史記有七篇，漢志與風俗通義有十一篇，趙岐又只有七篇——這不會是孟子的原書，怕是起初增加過，纔又重編過來維持司馬遷七篇之數的！』但是陳振孫，四庫書目，以及姚，都未講起這個歧異。朱彝尊在他的著名的經義考裏，從歷代著名考據家與學者中，引了四十一種關於孟子的論斷，然竟無一人暗示到這個歧異。既然古代記載篇數的不同，是懷疑他書的標準，爲什麼不用來否認孟子的可信呢？一定有人要問：孟子傳說中七篇與十一篇的歧異，到底應該怎樣解釋？我可回答：我不知道，而且我也不管。在中國那樣國家，書籍用竹木絲紙來傳授，歷一千五百年之久，而常常不改易次序的傳給我們，實爲中國書生愛惜心的明證。重編與割裂篇卷，實在沒有什麼奇怪；而且有些古書（例如史記）一篇有時是兩三頁，有時是二三十頁，所以更沒有什麼奇怪。那麼古書目裏卷數篇數，自然是個很危險的標準，只能在絕對厲害的地方可應用。

八

所考證的書若引用一個已經證明爲僞的書，那麼這書本身也是僞的。金受申在印古今僞書考（頁十二下）裏討論孔子家語，指出家語某一段可在列子裏找出，并說：『現已知列子成於劉向之後，則家語似在其後也。』若不管家語久證爲僞，而列子或否的事實，則這個論調是很有意味的，因牠明示一條原則：若甲書徵引或雷同於乙書，而乙書是僞的（一個僞的乙書），則甲也是僞的。這個論證並不是不常見，但是心思細密的人馬上要問我們怎樣知道事情不剛剛相反乙書僞造者在造僞乙書時引用了眞的甲書下文我還要回到這種標準上來。

九

一部書若有幾段同見於他書那麽這一定是較晚的作品，卽用這幾段再加些假材料做成的這是個極普通的論證。姚際恆（頁十上）討論孝經時，引證好幾段是他認爲抄左傳的，結論說孝經不但非孔子所作，且非周秦人作，而是漢代盛行左傳以後作的。

這個如何斷定中國古書中文句雷同的問題，是極費斟酌而極重要的，因爲任意解決這個問題曾產生很大的害處。依據邏輯及事實看來，一個作者對於借自古書的文句有三條路去處理：

（甲）他可以依樣抄用，一點不改。這裏有兩類：

（一）這段在風格和文字上與他自己的著作大異，人家立刻可以知道這是借用的，是從他種已存的書上取來的。例如孟子篇五上頁一——三的幾短段，便是如此。然而就全體論，這種例是很少的。

（二）這段在風格和文字上與他自己的著作並不兩樣，所以在比較兩本時，不能說定孰早孰晚。

（乙）他可以各處改動，使牠成爲同樣內容說法略異的一段東西。所以若只比較這兩本也不能說孰早孰晚。

（丙）他可以意譯一下，使牠較易讀，以普通的字替代少見而艱深的字，使文句不那麽簡短而艱懂。在我的左傳眞僞考裏，一九二六年版頁二四以下，我舉了司馬遷用這意譯方法來借用左傳的許多例子。在此情形下，要斷定孰爲原本是很容易的。

我們應該明白只在甲一及丙的情形下，纔能用作辨眞僞的論證。至於在甲二及乙的情形下，這方面是毫無價值的，且當永莫用來斷定某作者曾抄某作者的某幾段。這是不謹愼的不科學的，而且不該當的。

也許有人說若能證實一部書有幾段與一羣古書相同，其形式雖是屬於甲二及乙的，也可斷此書是晚出的僞作。不幸這也是個錯誤的標準，因爲晚周與秦代有許多公有的傳說，任何作者都可自由引用，大都不說明來源。對於這時期的許多書也如此：無論你拿起什麼書，你總會找到幾段與同時的兩三種書相同。在任何一段裏，要決定孰早孰晚，幾乎大都是絕望的。而且他們的原本有幾處是顯然已亡佚了的。（許多口頭的材料，或說故事的人，爲什麼不與近代中國的同樣亡佚呢？）（原註一）

（原註一）在我剛說起的左傳的研究裏，我下結論說：『這一定是部眞的書，是一個人所作的，或者是屬於一派和一方言的幾個人作的。』這就給馬伯樂 Maspero 一個機會來說這會引出一個超過我的前題的結論（在古代中國 La Chine antique 的一九二七年本頁五九三裏，又在亞洲雜志 Journal Asiatique 的一九二八年份頁一五九以下一篇對於我的書的很客氣的批評裏）。照馬伯樂的意思，我只證明了『前三世紀的編者』把那些集成這部春秋時偉大史書的各種史料在文法上加以修改。馬伯樂和我在意見上的歧異，事實上沒有想像的那樣大。我不能那樣幼稚來相信左傳般鉅大的人事記載的作者，『從其意識深處』引伸他的博識，而不依靠先前文字的和口頭的材料。我的意思及我的結論，是說作者或作者們並非把許多片段原生的聚起來，但是把牠們改造成一個文學的產品，在文字及組織上相一致的——一個傑作，有很可佩服的個人的味兒，也許是古中國文學全體中最偉大的傑作。這是唯一的一點，對於我研究此書眞僞的目的有關係的，而我也沒有理由去嘗試追蹤前人。

現在我要舉一個連貫的例子，可以表示上述三種標準（七——九）的危險。這是管子的問題。我曾說過（上文一）齊管夷吾（管仲，紀元前六四五年）是牠的作者的古傳說早已證明爲不可信的。此書不能早於晚周。中國領袖學者的一般意見差不多以爲牠是晚周的眞書。王念孫在讀書雜志裏，俞樾在諸子平議裏，孫詒讓在札迻裏，都有專篇校勘管子，而且洪頤煊和戴望也做過關於這位作者的同樣工作。學者如王、俞及孫，都是清代許多大考據家中的明星，他們決不肯盡心研究一部自認爲晚出的僞書。這部鉅著是很有意味的，可以供給我們觀察中國古代制度的各特點。牠對於考古學家更爲重要，因爲牠有許多關於桓公時（紀元前六八五——六四三年）中國東北部（齊）的鐵工業的記載。第八十一篇（四部叢刊本卷二四頁二上）告訴我們說，一國的政治和賦稅如何依靠在鐵的生產上。農夫需要鐵來做耜、銚、鐮、鎒、椎及銍；車工需要鐵來做斤、鋸、釭、鑽、鑿、銶及軻；女人需要鐵來做刀、錐、箴及鉥。（譯者註七）這表示前七世紀鐵已廣用，而鑄鐵也必很早便發展了。第七十七篇（卷二三頁一上）裏的數目，如管仲所說『出銅之山四百六十七山，出鐵之山三千六百九山』，都是計算銅鐵工業的比例的表號。

（譯者註七）原文此處述管子輕重乙的大意，而微有出入，現在關於『耜』『銚』等器具之名均用管子所固有的，故非直譯原文。

假使這些關於前七世紀齊國鑄鐵的傳說，是在前四或三世紀寫下來的，那麼很可相信爲眞的，而且是極可寶貴的；但是假使牠們是一個近代的僞造者所作，那麼便是毫無價值的。所以馬伯樂的話是極可注意的，他在巨著古代中國裏斥管子「幾全爲紀元四或五世紀時的僞作」（頁二九五），又在詳述古中國政治經濟狀況時完全不睬此書，其實此書若是眞的話，則爲這方面最好的史料。他說（頁五八五）：

「一部號稱管子的書，確是有的，共二十四卷，分八十六篇（其中約十篇已亡），假託是管夷吾的作品。但是即使牠不完全是個近代的僞作，其較古的部分也埋沒在許多約爲紀元四或五世紀所僞造的篇中。

「牠引（卷五頁六上）太誓，那是書經中的僞篇，用第三世紀僞作的句法的。

「又抄襲紀元前三八六年的左傳，甚至保存魯君的紀年，這在一位齊相算是荒謬的。還有其他僞作者在他自己的作品中，插入了幾段左傳、國語及史記，由唐代徵引的看來，此書在那時已存在；而十九卷之分則只見於隋書，大概不過是篇次的歧異。

「書首有劉向在前一世紀校書的序錄，這是完全可疑的，因牠已講起今本八十六篇之分，而眞的劉向書目則只有一本十八篇的管子（見張守節史記正義卷六十二頁二下）。這一段表示前漢書卷三十頁十二上（即漢書藝文志，同於劉向七略）裏「八十六篇」之數乃受近代僞作的影響而竄改的。」

馬伯樂的三種標準，分別屬於上文所說七八九三種，是很易看出的。讓我們考察他的論證。

第一（第八種標準），說管子『引太誓……用第三世紀僞作的句法的，』是不確實的。我想最好把載太誓的三處並列於下：

僞太誓：	左傳昭公二十四年太誓曰：	管子卷五太誓曰：
受有臣億萬，惟億萬心。予有臣三千，惟一心。	紂有億兆夷人，亦有離德。余有亂臣十人，同心同德。	紂有臣億萬人，亦有億萬之心。武王有臣三千，而一心。

任何人都能看到管子並未正確的抄襲僞太誓，有歧異處大都同於左傳。他用『紂』字，又用『人』字，都同於左傳而異於太誓；又有『亦有』二字，與左傳同，而僞太誓則用『惟』字。這些不能只是偶然的。假使管子是僞作者所造，我們便要說他大體遵從僞太誓，而徵依左傳來修改。但他爲什麼要如此？（原註二）他知道，或者他想他知道這個（僞）太誓是神聖的書經的一部分，是大聖武王的文件，較左傳（屬於左丘明的）早五百多年。爲什麼他不奴隸般遵從那神聖的書篇而偏照左傳來修改，以自惹嫌疑？這完全是不近情理的。

（原註二）注意這個問題並不僅是三處文句的相同，而是正式的徵引，因爲左傳與管子都有『太誓曰』三字。

這個版本問題的解釋是極簡單而與上文不同的。我們知道今本太誓（僞太誓）是紀元三世紀的僞作。但是僞作者頗有點古文學的知識而且習知這兩處徵引古代眞的太誓（左傳與管子的。）他想要把這段拼合在自己的書中，他必定在兩種頗不同的本子中選擇一下。什麼是最好的辦法呢？他知道，或者他想他知道，管子是紀元前七世紀的而他定左傳的時代卻最早不過前五世紀的中年。他決定遵從較早的本子。但是這本的句法顯然像意譯，主詞在第三位（『武王』）而不是太誓所當有的『余』（第一位），所以他參用些左傳的本子。而且，他使牠的文體更簡潔，更像『書經』。這裏我們對於紀元三世紀僞作書經的人的作場，可以得到很有趣的一瞥！

所以馬伯樂第一個證據便一敗塗地了。這不是『甲引僞乙，所以甲也是僞』的情形，而是『僞乙的作者利用眞甲，其中含有已亡佚的眞乙』的情形。我甚且如此說：即使這一點不能盡量的承認，則只是後一種解釋當作或說的可能性，已够使馬伯樂的標準（屬第八種）毫無價値。

馬伯樂反對管子的第二個證據（第九種標準）是與別的古書相同的幾段。管子的十八篇（卷七）的頭上確有幾段同見於左傳桓公十八年（紀元前六九四年）及莊公八年（紀元前六八六年；我猜馬伯樂的三八六的數目是手民之誤，原意當指第二個年代）。這幾段或是字義相同（上文甲二），或是稍有變易而不能明示孰早孰晚（上文乙）。還有幾處古怪的歧異，但不能說是誰抄誰。一個人在左傳裏稱爲申繻，在管子裏則稱爲申兪。左傳說『劫（Kiap）而束之』，管子則說『脅（Jiep）而束之』。（這是否爲聽話所記的歧異——書房學來背讀的一段？抑是說故事人的談話？）記年的材料也不同——所以並未依照魯國的紀年。照左傳，魯國在四月裏有個請求，照管子則在二月裏；左傳說齊襄公在十二月裏獵於貝丘而遇鬼，管子說在五月裏。而兩書（左傳見於六八五年而非六八六年）記齊國發生的暗殺卻同在九年（魯莊公）。這顯然是馬伯樂所認爲極可疑的。但是要知道這件事不但左傳有『九年』字樣，而且春秋裏也有的。照馬伯樂說，假使管子是前七世紀齊相管夷吾所著的，則『九年』的日期是荒謬的。但是因爲我們已經知道這是晚周無名氏所作半歷史半哲學的書，那麼他述一件事情偶然依照那幾乎人手一編的孔子春秋所記的年代，是沒有什麼可怪的。

除了這段左傳管子相同的地方，我考察過管子與左傳、國語、春秋繁露、韓非子相同的幾段，而我終於沒有找到一段可以明示管子的本子是晚起的。結果這種依照第九種標準的嘗試是得不到結論的。

第三，馬伯樂應用第七種標準（篇數之可疑的歧異），在我看來是極不幸的。這裏整個問題轉向劉向（紀元前九年卒）到底看見幾篇的一點上。在此我們有三種證據：（甲）劉向自己的序說有八十六篇。（乙）紀元一世紀的漢書藝文志（同於劉向自己的書目七略）說有八十六篇。（丙）紀元八世紀張守節的書引稱劉向的書目說管子只十八篇。既然頭二種證據較早五百年，且都同今本八十六篇相合，那麼應該明白張守節所引是錯的。但是不靠着紀元八世紀的一種記載之力，馬伯樂說：第一、劉向的序是『完全可疑的；』第二、漢書藝文志的八十六之數是『竄改的；』第三、這些可證明今本有八十六篇卽是僞作。我們不能認這是合理的考據方法。這一個更能證明我所說的應用第七種標準所得結論的不可靠。

總之，管子爲僞也許可以拿我所未知的事實來證明，但是馬伯樂所說的理由都不够減低牠的可靠性。（原註三）

（原註三）我願意鄭重聲明我只反對馬伯樂古代中國裏的一事——雖然是很重要的一事。在別的觀點看來，這是我所極佩服的一部書。研究中國古史的最近的成績都陳列在這裏，其大部分重要的結果都是由於作者自己的研究的。牠不但是初學者必需的工具，即任何『支那學』家也都需要牠。牠實在是論古中國的唯一的書。

在這裏，我已經列舉了中國考據家辨古書眞僞時所用的最重要的標準，幷加以審核。此外，我在幾年前（在一九二六年的左傳眞僞考裏）還加了一種標準，在有些情形下是很可應用的，而且我以爲在那樣情形下是極重要的。

一〇

一部書（所用語言）的文法系統有某種特點，這特點賦予牠以獨有的性質，而決非後代僞造者所能想像或模倣的，那麽這部書是可信的。我把這個考據的原理應用於古書中很長很重要的左傳，我說明助詞與代詞的應用異於其他著名的古書，尤其異於魯國的書（論語、孟子及禮記的某部分），本來魯國的書應該與左傳相近的。（原註四）我把這種現象認爲可以證明古中國有許多不同的方言，左傳用一種方言寫，而魯國的書則用另一種方言寫。除了這兩種，我斷定更有幾種方言，依着文法上的字的歧異而辨別的。文法的歧異是很大的，而不能當做小變動。

（原註四）這種嘗試是應用於『若』與『如』；『於』與『于』；『吾』『我』與『予』；解作 then, thereupon（『則』）的『斯』；解作 this（『此』）的『斯』；用作介詞的『乎』；用作疑問語尾的『與』；解作『與』的『及』。

我這種解釋，曾經兩位學者在批評我的書時表示反對：一爲福克(A. Forke)，〔在一九二八年東方文學雜志(Orientalische Literaturzeitung)頁五一四裏〕一是馬伯樂，(在一九二八年的亞洲雜志頁一五九裏)兩位都說，在我所指出的現象裏只能看出文體的不同，而不是方言的不同。假使他們的話是對的，一定很嚴重的推翻我的辨僞的標準。因爲（一）方言的不同只限於某一地方或某一時間，乃活言語所經過的現象，所以是特殊的，難於模倣的（至少是後人不能模倣的，因爲他們不見得會注意文法上的字的用法的特點）然而（二）文體的不同乃是文學的文字裏所有的人爲的現象，其要點就是模倣。假使周人已經那樣強烈的自覺到文學的體裁，而創造了各種不同的文法組織來作不同的文體之用，那麼漢人當然也是如此，而且當然能夠僞造得『逼眞於文體』。所以現在很需要考察究竟我說周代有不同的方言是對的，還是福克與馬伯樂說不同的文體是對的。

這兩位學者的觀點也互異。福克以爲中國從無種文學的文字是直接根據俗語的，就在周代，亦已加以人工而與口語不同。在文學的文字中，無所謂方言，只有文體：即詩歌體（詩經）散文體（書經、易經），哲學體（論語、孟子），歷史體（左傳）等。福克的基本觀念分明是錯的。任何公平的讀者都該明白，論語、孟子及莊子中的談話，以及左傳中敍述得很活現的插話等等，是口語的最純粹的記錄。我們絕對的能聽到說話者的小的古怪的曲折，暗藏的句法，呼喊等等。我甚且可以如此說，我相信就在漢代，文章離俗語也不很遠。常有幾段顯然想把所說的話逐字記錄，而且牠們決不恰是我們所說的『文學的中國文』。一個很可注意的例子是史記卷九六周昌列傳，那兒口吃的周昌怒道：『臣口不能言，然臣期期知其不可』云云。任何人都該明白口吃的『期期』不該插入『文學的非俗話的』句子裏。所以『知其不可』一句在我們是能得一很有力的文學的印象的，而在漢代卻是俗話。在這一點上，不必再贅述了。

馬伯樂的理論則微異：竹書紀年（屬於魏國）是很像春秋（屬於魯國）。所以表現在書中的不是方言的不同而是文體，卽歷史文字（春秋、竹書紀年），傳奇文字(langue de romans)（左傳、國語），哲學文字（論語、孟子、莊子），典誥文字（書經、逸周書），詩歌文字（詩經）。他以爲這樣解釋，較之字彙並無主要異點，卽認爲方言的不同似更合理。方言一書表示西漢時字彙的歧異是很大的。此雖幾世紀以後的事，然方言的歧異也不會較周代更甚。

第一，竹書紀年的論證是毫無價值的。竹書紀年與春秋都用非常簡潔的文字寫的——牠們只是檔案的提要——所以就沒有文法上的助詞，不能從此得什麼結論。但是讓我們先考察文體說的可能性與眞實性，然後再回到方言的問題上去。

當古中國的春秋戰國期，那時我們知道只有一二十種文學產品，那時孔門的語錄還表示俗話的痕跡而難於改成連整的文字，說這時發展了五種（五種！）互相歧異而須確遵的文體，每種可以助詞與代詞的獨有的用法而辨別，是可能的嗎？讓我們明白這是什麼意義。假使紀元前四世紀有一位李先生恰巧是個文人而想著書，他一定够困難了。假使他想寫部歷史的記載（有點像左傳的體裁，）那麼他在『假使』(if) 的意義該用『若』而不用『如』，而在『好像』(like, as) 的意義則用『如』（不用『若』）。但是假使他要像孔、孟般的說教，他關於『假使』的用法得相反，常用『如』而不用『若』；同時在『好像』的意義，他卻可隨心所欲的用『如』或『若』，像是給他的報酬似的。這位不幸的李先生要寫一篇『典誥』的文字──他一用『如』字便倒霉了！無論在『假使』與『好像』的意義裏，他都得小心寫『若』字。

而且假使他將孔門道德作哲學的敍述，他在 then, thereupon(『於是』) 的意義可以自由用『斯』字。但是，假使他獻媚於莊子而論『道』，那麼他得小心摒除『斯』字而用『則』字。馬伯樂的確把孔子與莊子同列於『哲學文字』之下，但是孔、孟常用『斯』而莊子則否（還有其他異點），我們還得把『哲學文字』分成二類：一是『孔門哲學文字』，一是『道家哲學文字』！假使可憐的李先生此時還未被攪瘋了，他還得在『文體』的荆棘中掙扎。當他作哲學的論述時，他可以隨意用『乎』與『於』──作『在內』(in)『在上』(at) 解──與疑問句尾的『與』；但是『于』字是不許用的。假使他作『典誥』，他得小心別用『乎』與『於』，而常用『于』；而且他若用『與』於語尾，他便完全丟臉了。但是假使他從事於歷史記述，則『乎』與句尾的『與』同樣禁用，而在 with, auprès de （『同』、『跟』）的意義可用『於』字，在『在內』的意義可用『于』。──我可以再舉些例，但是有何益處？這文體說的全體，若用來解釋各種古書中所有的不同的助詞系統，是顯然不合理的。

但是我們可以把問題轉過來，試看文體說是否眞實的。可有一種『哲學文字』存在嗎？試舉孟子、莊子、荀子及韓非子四位哲學家爲例他們的確都是同時的（紀元前四世紀晚年——前三世紀中年）而且他們的作品在體裁與內容上是很相似的。假使文體說是眞實的，那麼他們應該有同樣的文法但是我已指出莊子不用『斯』（在其 then『則』及 this『此』兩種意義的任何一種上）是與孟子（及其他魯國的書）不同的。而且前者常用疑問句尾『邪』，是魯國的書所無的。這個『邪』字也見於荀子與韓非子，句尾的『與』在魯國書中是常見的，在莊子及荀子中是很少見的，而在韓非子中則簡直沒有所以並無『哲學文字』存在。

國語文法很近左傳（雖然有一種重要異點）。戰國策確與國語同時，而且內容與體裁也很相近，所以也可說是同一作者所作——要不是爲着牠們文法（助詞系統）如此差異！國語在『於』與『于』中間有個用法上的異點，他在 and, together, with（『和』、『同』）的意義用『及』字，而無句尾的『邪』字，戰國策有很多的『於』字沒有『及』字，而有不少的『邪』字。介詞『乎』字在戰國策中常見，而國語則沒有。所以並無『傳奇文字』（馬伯樂指國語言）存在。

而且䚮克與馬伯樂甚至沒有提起許多禮書。牠們不能勉列於任何『文體』內，因爲各種禮書在文法上有巨大的不同（參看我的左傳論文頁五六）。事實上，批評我的左傳論文時所題出的『文體』說的全體，是爲我的書裏援引的事實所反對而不許可的。

（3）字彙上的小異點。

（2）讀音上的大異點；

（1）文法上的大異點；

得到下列的情形：

知道文法（助詞、代詞）與讀音雖大異於北平人，字彙卻大體相同；限用於一種方言的字比較的少；於是我們便

事實；例如假使看看卜濟舫(Hawks Pott)的佳作滬語讀本(Lessons in Shanghai Dialect)（一九二〇），就

音）。但是只要不是土話（也許方言一書有意於此）的問題，而是受教育者的語言的問題，那就會注意到這個

比較一下，我們看到他們有三點不同：（1）文法（助詞與代詞），（2）字彙，（3）讀音（兩方言中同字異

湖澤、森林，及中國內地的異族，可使交通困難）而互相分開的。假使我們把受教育的上海人與北京人的語言

然可以代表齊、魯、周、衛等國的文人文字的歧異，這幾國是文化與學術上獨立的中心點，以政治的與地理的阻礙

低層的土話；而是指古希臘語一類的方言，或再舉個較近的例，如受教育的上海人或北京人所代表的方言。那當

讓我們第一先替我們所謂方言下個定義。我並不是指 des patois（土話），中國農村的土話，或社會最

很有意味，很能引人注意的。

那麼，古書中文法之異認爲由於方言之異，豈不是很可以的嗎？不過馬伯樂的反駁，說字彙上也該不同，卻也

中國古書中是怎樣的呢？

（1）文法（助詞與代詞）上的大異點，已由我在左傳論文中說明過。

（2）讀音上的異點——下文我要講到這點。

（3）字彙上的異點——馬伯樂以爲簡直看不出『字彙上絕無重要的異點』(sans aucune différence importante du vocabulaire) 見一九二八年的亞洲雜志頁一六五〕。

這是眞的嗎？我並不如此想。據我所知，從來無人考察過這問題，而沒有統計時什麼都不能武斷的。從無人相信書中有文法的異點，直到我說明後方相信。關於字彙能否有滿意的回答，這還是個疑問。因爲要斷定方言的文法只需二十頁的書便够了，而要斷定字彙則需要數百頁甚或數千頁的書。論語、孟子及檀弓（禮記）已够斷定魯國方言的文法，但要證明牠的字彙，牠們只供給點片段的極不够的材料。不過事實雖如此，環境雖不利，然因保存的書是少而且短，所以假使我們是個精密的考據家，也可以找出字彙上異點的線索來。這裏還不能公佈我關於這一點的材料，但我願舉一個例。對於普通的船的觀念，莊子用『船』字（卷三一，他的門人寫的，參看馬伯樂古代中國頁四九〇），這個字是近代中國文字裏常用的。就我所知，十三經中便無此字，在幾處說起『船』的地方他們照例都用『舟』字。（原註五）所以，這是很自然的，而且恰是我們所預料的，在比較那方言不同的古書時，文法歧異較字彙的歧異更令我們注意。

（原註五）方言證明『船』字是個方言：『舟自關而西謂之「船」』即今陝西。

因爲是中國的書本，所以我們很不幸的不能研究古方言讀音的異點。恰如現在象形字『日』內藏有 jï, ze, ör, niat 等不同的方音，古代文字也如此。我們很可以武斷讀音上有大異點，可惜尙未能證實牠們。不過要知道這個武斷是否眞實（無論我們研究諧聲字時能找個統一的古文字或否），卻是極重要的，尤其對於古文字學而對於我們現在的問題——拿方言來解釋文法的歧異——這是同樣的重要。在不同的文化中心普通的字的讀音是否的確不同？我將說明至少在某幾點上能揭破這個內幕。

在漢書卷九十頁十三下（金陵書局本），注者如淳（紀元三世紀中年）稱一個石柱或標柱爲『桓表』（古音 γuân pǐäu）而且說：『陳宋之俗言桓 γuân 聲如和 γuâ（今音 ho），今猶謂之〔桓表 γuân pǐäu〕和表 γuâ pǐäu』。（譯者註八）這個情形不僅三世紀如此，即更早些也如此，是可以從張衡（紀元一三九年卒）東京賦（文選卷三頁二八上，四部叢刊本）裏看出。賦中有『和』用作『桓』講。這個方言中桓『讀如和』的現象，著名學者鄭玄（紀元二〇〇年卒）是一定知道的，並且相信在書經時已如此。在注禹貢一篇時，他提起（附見水經注卷三六頁二上，四部叢刊本）『和夷』（『和上夷』，雷格（Legge）頁一二一）說：『和 γuâ 讀曰桓 γuân』，意指四川桓河。此說若確，那麼這漢代的方言在周代已存在了。因爲逸周書（汲冢周書）卷八頁二上（四部叢刊本）裏『桓』是無疑的替代『和』字而意義相同的（『桓於黎民般』）。這個給我們個解釋中國本子中很古怪而一向當作啞謎的可能性，這情形是古代的 -a 讀作-ân 或相反：

亂 luân 亂 luâ；般 puân 嫛 puâ；酸 suân 梭 suâ；裸 kuân 果 kuâ；番 p'iwan 皤 puâ；難 nân 儺 nâ；單 tân 癉 tâ；疼 tân 多 tâ；笴 kân 可 kâ。

這些情形是較少的且破壞諧聲字的常規，但是靠了如淳，我們現在明白了從前猜疑過的事情：牠們是由於方音不分口鼻的特點。這個道理是很容易看出來的。讀-an 及讀 -ang 的字在中國大多數的方言裏有個很強的半鼻音的傾向。一個 kan 音（或 kang 音）變成 Kaⁿ 音，而終於成爲 ka 音，把-n音（或-ng 音）完全失去了，參看高本漢的中國語音研究（Etudes sur la Phonologie chinoise）頁七六四——七六五。伯希和（Pelliot）曾說明這情形是古已有之的，因他曾很聰明的以爲 upadhyāya（一個改過的中亞細亞的字）同於中國文『和尙』。『和』『尙』二字在唐代讀 ɣuâ-ǯiang 音，更早讀 ɣuâ-d'iang 音，其 d'iang 音可變 dhyā 音，因古代半鼻音與近代北方各種方言裏的半鼻音相似。這些半鼻音在中國音韻史上好像播種了而且滋長了好久，而且牠定是方言的半鼻音，如 ɣuâ(n) 等。這可解釋上文所說的 ɣuâ 代 ɣuân 或 yuân 代 ɣnâ 的用法，並可解釋這些『例外情形』的特殊結構。這個可以提醒我們研究古文字的人，不要拿古中國『標準文字』的觀念來解釋每一種古怪的諧聲字。書本中許多變例一定都有牠們的方音祕密。（原註六）我們藉這些例子來知道周代文字有方言上的

（譯者註八）此處原文引如淳作『今猶謂桓表爲和表』，而漢書注則作『今猶謂之和表』；現在改依注文，而存桓表注音於括弧中。

歧異，不但在文法上與字彙上，並且在讀音上。所以我想我有許多理由來堅持以方言解釋左傳文法上的特點，因此牠還是辨眞僞的重要標準。

（原註六）西蒙(W. Simon)在中國古代語變尾化的重造(Zur Rekonstruktion der altchinesischen End-konsonation)〔一九二八年柏林東方語言學校年報(Mitteil. Sem. Or. Spr. Berl)單行本〕頁二二裏嘗試解釋上述『難』nân與『儺』nâ的情形，以爲古代曾有『摩擦音』đ於第二字尾作nâđ，在隋（切韻）以前當已失去。那麼這便是文字全體的現象，而非方言的現象。但這是不可能的。在古中國（切韻，隋代）讀-â及-uâ的字是很多的，讀 at 及 uat 的字也不少。假使在古代有幾個 -âđ 及 -uâđ 音，則在諧聲裏（一個 kâ＜kâđ 當作 kât 的讀音或互易）或在詩經押韻上（一個 kâ＜kâđ 與 kât 相叶）必有些關係。這個並不是事實，而這個說法是不可能的。古代中國文字的確有讀 -âđ 及-uâđ 的，（這裏d 是指幾種破裂音，）但是牠們都變 -âi 及 -uâi 而不是 -â 及-uâ 音。

中國優秀的學者現在應該把所有討論周、秦、漢書的眞僞的著作，統統聚集起來。於是他應該進一步的把所有根據三四五種標準的判斷除去，而且用七八九種標準也僅僅限於極少數有把握的地方，不要像從前常見的那麼武斷；至於一二六種標準則盡量應用，但論斷時不要超越前提；而且在可能的時候，加上第十種標準。這樣他便能給我們一個新的古今僞書考了。

第二章　書經中的代名詞『厥』字

古中文裏的人稱代名詞極有意思，牠們可以顯示個很明顯的『格』(case) 的區別；『吾』字用在主格及領格，但絕不在賓格（間接的或直接的）；在賓格是常用『我』字的。同樣，『其』字與『之』字是個不規則的變形字 (Heterclitic paradigm)，『其』字是領格 his, her, its, their（他的，她的，牠的，他們的）；而『之』字則是間接的或直接的賓格 him, her,it, them（他，她，牠，他們）。

早期的中國語如書經所顯示者，『其』字很多有兩種不同的意義，爲古文中所常見的：

（甲）用作語氣上的虛字 (A modal particle)，表示主詞的意見志願或勸告的，例如益稷（雷格 (Legge) 譯本頁七九）：『天其申命用休』；召誥（雷格譯本頁四二六）『王其疾敬德』。在這種意義上，牠與下文所討論的乙項那種代名詞完全無關係，不過是偶然的機會把『其』字（『箕』字）假借作甲乙兩項罷了。這種輔助語氣的『其』字在書經中是極多的。

（乙）用作第三位領格的人稱代名詞 his, her,its, their（他的，她的，牠的，他們的）。書經中雖不多見，但還不少，例如雷格譯本頁一五五、三二三、三三〇、三三二、四二六、四三一、四四一等等。最要注意的是此字常作第三位（his 他的，等等，）從不作第二位（your 你的。）

用作乙項的「其」字所以較少，是因爲書經中另有與牠同義而極常見的字「厥」字。此字解作 his, her, its, their（他的，她的，牠的，他們的）的例子，書經中以百計。所以此字通常的用法是第三位領格的人稱代名詞。不過要注意的是，此字只和乙項的「其」字（代名詞的「其」字）同義，與甲項的「其」字（輔助語氣的「其」字）卻沒有關係。全部書經中（原註一）簡直沒有一個例子是「厥」字等於輔助語氣的「其」字的。

（原註一）幾乎不用再說明我所謂全部書經，只是指眞的幾篇，如江聲的尚書集注音疏，或孫星衍的尚書今古文注疏（都在皇清經解中）所載的。三世紀末年梅賾所造的幾篇，我完全沒有理。

領格的用法 his, her, its, their（他的，她的，牠的，他們的）常常是一見便知的，有時則沒有那麼清楚，不過還可以確定。例如：

（一）盤庚（雷格譯本頁二三五）：「厥攸作」（參看「王之所作」一類的句子——「王之」是領格；）

（二）酒誥（譯本頁三九九）：「厥誥毖庶邦」；

（三）酒誥（譯本頁四〇七）：「御事厥棐有恭」；

（四）酒誥（譯本頁四一一）：「厥或誥曰」

（五）梓材（譯本頁四一五）：「王啓監厥亂爲民」（論衡效力篇所引與此異但仍有領格的「厥」字；）

（譯者註一）；

（六）召誥（譯本頁四二一）：『厥既得卜』（與譯本頁四二四的結構一樣；（譯者註一）論衡引作『癯人有王開賢厥率化民』。）

（七）洛誥（譯本頁四四〇）：『厥攸灼』；

（八）多士（譯本頁四五六）：『厥惟廢元命降致罰』；

（九）無逸（譯本頁四七一）：『厥享國五十年』；

（十）無逸（譯本頁四七一）：『此厥不聽人乃訓之』或依漢熹平石經的今文本如下：

（十一）『此厥不聖人乃訓……』；

（十二）多方（譯本頁四九六）：『厥圖帝之命』。

以上都明白『厥』字通常解作 his, her, its, their（他的，她的，牠的，他們的）。但在有些例子內，並不作這樣解，而是非常晦澀的：

（子）一方面，『厥』字必得解作 your（你的），是第二位人稱代名詞，仍在領格。此處牠與『乃』字同義，『乃』字當作代名詞時通常解作 your（你的）。

（丑）另一方面，『厥』字只是虛字，與解作 then, thereupon, thus（於是，所以，因此）的『乃』字同

義。（原註二）

（原註二）『乃』字有兩種不同的意義，也是因爲一個字被假借作兩個無關係的字。

我將在下文把這兩項中所要討論的地方全部列舉出來：

（一）盤庚（雷格譯本頁二二八）：『汝自生毒，乃敗禍姦宄，以自災于厥身。』（譯者註二）

（譯者註二）此句見盤庚上，『汝自生毒』上當引『惟』字。

（二）盤庚（譯本頁二三六）『以丕從厥志』孫星衍把此句解作『汝當從其志。』這卻未必——以『厥』爲第一位代名詞（譯者註三）是沒有根據的。雷格是依從宋代蔡沈（書集傳）的解釋的。

（譯者註三）孫星衍注疏的全文是：『胥我之遷徙者，受汝使汝，惟喜安居，以供爾事，非因汝有過，比于放流之罰也。予順呼汝來此邑，亦惟新承保汝之故，汝當從其志，勿違之。』故原作者以『其』字指第一位。

（三）洛誥（譯本頁四四〇）：『厥若彝，乃撫事如予……汝永有辭。』

（四）無逸（譯本頁四七三）：『小人怨汝詈汝，則信之，則若時，不永念厥辟，不寬綽厥心……怨有同，是叢于厥身。』

（五）酒誥（譯本頁四〇四）：『妹土，嗣爾股肱，純其藝黍稷，奔走事厥考厥長。』

（六）益稷（譯本頁八六）：『皋陶方祗厥敍。』史記夏本記所引與此全異，可見司馬遷認這句不是皇帝的話，所以這個例子是可疑的。

（七）盤庚（譯本頁二四五）：『肆予沖人，非廢厥謀。』孫星衍解作『今我幼少之人非不用衆謀，』所以他認『厥』字爲第三位，與上文『民』字有關係。這是可能的，只似乎牽強了一點。雷格的解釋是根據宋代蔡沈的，顯然較佳。

以上七例中——或許要除去第六例——『厥』字顯然解作 your（你的）與『乃』字相等。

（八）多士（譯本頁四六二）：『爾乃尚有爾土，爾乃尚寧幹止……爾厥有幹有年于茲洛。』雷格遺漏了末句的『厥』字，但句法與上句相平行，可證與解作 then, thus（於是，所以）的『乃』字相等。

（九）召誥（譯本頁四二八）：『王厥有成命治民今休。』江聲與孫星衍均依僞孔安國傳：『王其有天之成命。』蔡沈則更隨便的解『厥』爲『庶幾。』此三家均認『厥』字爲等於上文甲項助語氣的『其』字。但這是不對的。我已經說過，書經中並無別的例子以『厥』字解作助語氣的虛字『其』字的；而且此處『厥』字顯然是個表示結論的虛字，等於解作 then, thus（於是，因此）的『乃』字（雷格譯文不誤）；這一點一方面可由上下文看出，一方面可由同篇另一句看出：『王末有成命。』

（十）召誥（譯本頁四二六）：『保抱攜持婦子以哀籲天，徂厥亡出執。』（譯者註四）這古怪的『徂厥亡，』雷格引蔡沈『往而逃亡』來解釋。江聲及孫星衍以這個宋代傳統解釋爲不滿足。江於『徂』字仍依普通解釋爲『往，』但把『亡』字讀爲『无』字（古書中常見），解釋道：『欲往逋逃，其无所出，若拘執然。』這個解釋並不好，因爲「執」字不自然，而且「若」字是江所加的，原文並沒有。孫據爾雅釋詁「徂」等於「在，」又據廣雅釋言「執」等於「脅，」解釋道：「在者喪亡，出被迫脅。」可是爾雅並未說「徂」等於「在。」釋詁說，「徂，在，存也。」不過這還無損於孫的解釋「存者。」問題是：爾雅這解釋有無別的證據？自然有的。我們知道，在漢代字形上，「字根」常是不重要的，因爲這大都是後來加的；「音符」卻是原來的字的全部，假借用的「且」字解作「存，」見於詩經鄭風出其東門第三章「匪我思且。」此爲「且」字本義，可以同篇首章中平行的句子來證明：「匪我思存。」而且詩經中之「且」及爾雅中等於「存」的「徂」字，顯然與「阻」字相同，至少是極相近。所以我們很可以像孫那樣解釋書經：「在者喪亡，出被迫脅。」（爲什麼不說「被執」）？但主要之點是：無論從蔡或江或孫之說，「厥」字不會是人稱代名詞，一定是個虛字，等於「乃」字：蔡以爲「徂厥（＝而＝乃）亡，」江以爲「徂，厥（＝乃）亡出執；」孫以爲「徂厥（＝乃）亡，出執。」

（譯者註四）「保抱攜持婦子」當作「夫知保抱攜持厥婦子。」

（十一）無逸（譯本頁四六八）：「厥亦惟我周大王王季，克自抑畏。」雷格未譯「厥」字。此處「厥」字好像也是虛字。不過原文或有誤，因爲尙書大傳及白虎通所引今文首五字作「厥兆天子爵。」所以這個例子不能有確定的結論。

在這四個例子中——或許要除去第十一例——「厥」字顯然是個解作 then, thus（於是，所以）的虛字，等於『乃』字。

一個字在書經中通常只解作 his, her, its, their（他的她的牠的他們的，）卻有六七處解作『乃』（your你的，）有三四次解作『乃』（then thus 於是因此，）這不能不說是個極使人迷惑的現象了單敍述這事實是不夠的我們得解釋這個謎。

這解釋顯示在下列事實上在這幾個古怪的例子內，這個字都等於『乃』字。

如果我們翻閱阮元（紀元一八〇四年）所編關於古銅器銘文的名著積古齋鐘鼎彝器款識，便可見到一件古怪的事在他的銘文考釋裏沒有一個『厥』字；但是這些銘文應該與『厥』字同時的，因爲牠們都與書經同時。這件反常的事學者劉心源在他的關於銘文的巨著奇觚室吉金文述（一八九七年）卷一，頁二二以下，已設法免去。他指出銅器上有兩個極相似而必須分別的字：『乁』與『㇈』自宋代到阮元，一切金文家均釋作『乃』字，第二字確係『乃』，字第一字卻係 küe 字，到漢代便被同音的『厥』字假借替代了。（原註三）他的論證是明白而決斷，不必贅敍。我們只須說明他曾把他的理論應用於幾個著名的較長的眞實無疑的銘文上，而完全符合。例如在著名的毛公鼎裏有四個『乁』（küe 字）與五個『㇈』（『乃』字）從上下文可以知其意義完全不同，那同樣著名的盂鼎也有兩個 küe 字與四個『乃』字完全有分別的。劉的解釋確是個『定論』，爲後來學者們所公認。近代研究古銅器銘文的大師王國維在他的觀堂古金文考釋內（在王忠慤公遺書內）研究毛公鼎、盂鼎等銘文時，對於『厥』字與『乃』字完全是依照劉心源的。

(原註三)『𠃊』在小篆中變成『𠦝』，所以說文解字說『𠦝』讀音『厥』，如此則『𠦝』(『厥』古音爲 kįwăt)爲『𠯑』(古音 kuât)的音符(所以不當如我解析字典(Analytic Dictionary)中那樣說是『會意』)這字簡寫作『舌』時仍爲『刮』(古音 kwat)『活』(古音 ɣuât)，『話』(古音 ɣwai 及 gʻwat 等字的音符。

顯然的，正像後代金文家爲了『厥』字與『乃』字形近而混亂了數百年一樣，古代的傳經者在傳鈔書經時很有把這兩字混亂的危險。晚周時或已有錯誤，而秦及漢初把古文譯成那做後來隸書與楷書的根據的小篆時，尤其有錯誤的大危險。把『厥』字與『乃』字互混，眞是再容易沒有了。在我們上文所舉十一個例外的特殊的地方，『厥』字恐係『乃』字之誤。

對於這個解釋只有一個好像合理的反對理由：上文舉例中有兩處(一與八)有那假定原爲『乃』字的『厥』字同時又在文中有『乃』字；在別的例子中，上下文也有『乃』字。爲什麼傳經者在一處正確的寫『乃』爲『乃』，而在另一處則誤寫爲『厥』？可是我們也有個很自然的解釋。『乃』字古有二形，『𠄎』與『𠃋』是絕對亂用的。在上文所說的盂鼎中，此二形見於一行中(劉心源前書卷二頁三五下)。所以書經中的上述第八例『爾乃尚有爾土，爾乃尚寧幹止……爾乃有幹有年于茲洛，』如果頭兩個『乃』字寫作『𠄎』，而第三個『乃』字簡寫作『𠃋』，那麼傳鈔者自然更易於不認爲『乃』字而誤作『厥』字了。

總括起來是：

因爲經書中「厥」字通常解作 his, her, its, their（他的她的牠的他們的，）與「其」字乙項（但不是甲項）同義。

因爲前條的例外只有十一處，這幾處中解作 your（你的）或 then, thus（於是因此，）的「乃」字都很適用。

因爲古字形「𠃌」與「𠄎」形極近而易相混。

所以我們斷定「厥」字從不能解作 your（你的）或 then, thus（於是，所以，）而上文子丑兩項書經原句當如下（不過六與十一兩例尚有疑問）：

（一）汝自生毒，乃敗禍姦宄以自災于乃身；

（二）以丕從乃志；

（三）乃若彝及撫事……；

（四）小人怨汝詈汝則信之，則若時，不永念乃辟，不寬綽乃心……怨有同，是叢于乃身；

（五）妹土，嗣爾股肱，純其藝黍稷奔走事乃考乃長；

（六）皐陶方祗乃（？）敍；

（七）肆予沖人，非廢乃謀；

（八）爾乃尙有爾土，爾乃尙寧幹止……爾乃有幹有年于茲洛；

（九）王乃有成命，治民今休；

（十）保抱攜持厥婦子以哀籲天，徂乃亡出執；

（十一）乃（？）亦惟我周大王王季，克自抑畏。

第三章　左傳眞僞考

下邊的研究包含有兩部分。前部分只講左傳的眞僞問題。後面比較更重要的部分想考察此書文法的組織，但這一部分的範圍其實不止於此：這是第一次試用文法的分析來明白中國古書的性質和牠們中間的關係。

上篇

「支那學」家用來研究古代中國的各種文件，沒有一種比左傳更重要。這是中國古代文化第一次成熟的時期的主要史料。在左傳裏，我們有西曆前七二二年到四六八年的時期中的詳細記載，組織很巧妙，文字很有力。要解釋各種古代的文件，我們必須依賴左傳中的掌故和史蹟。沙畹（Chavannes）解釋漢代雕刻品時，常用此書裏的掌故。別的古書內所有禮節和宗教觀念之系統的描寫，可以在左傳裏找到許多具體的例證。對於語言學者，此書也很重要，因爲是個範圍很大的文件，裏邊用詞極豐富，而複雜文章極有力而美妙。總之，左傳是中國文學的傑作之一，爲中國人所愛讀愛研究的，並且格拉內（Granet）在一部好書裏（中國古代的舞蹈與傳說（Danses et légendes de la Chine ancienne 一九二六）說：「這部書是中國文學中最生動又最豐富的文件」（頁六八）。

所以左傳的眞僞問題及其眞性質，是『支那學』上最重要的問題之一。這問題已有許多人很起勁的討論過，但在我看來，還沒有充分的弄清楚；所以我的目的，是想在本篇裏對於此問題的解釋有所貢獻。

講到左傳的眞僞問題，我們第一要明白甚麼叫作眞僞問題。照一般人所承認的中國傳說看來，左傳作於魯國，同孔門有直接的關係。所以認爲牠在西曆前二一三年的焚書以前就存在，後來從此救護出來。保存到如今。

在這傳說裏有兩個要點：第一牠是焚書前的古代文件。第二牠是屬於魯國學派的。這兩點並沒有不可分離的關係，是很明白的。假使能證明此書在焚書前存在，也不能藉以證明從孔門產出。反過來說，假使能說牠與魯國無關係，這也不是說此書是僞造的。只有能證明此書是漢人所作來冒充焚書前的文件，然後可說牠是僞的。換言之，假使在前一九一年——焚書禁令取消之時——到哀帝時（西曆前六——一）——左傳正式討論之時——中間有一個或幾個學者著此書來冒充前二一三年前的古代文件，此書便是僞的。若然，此書便完全是根據他們自己的構想的，或者更合理一點說他們是依靠着少數眞的但短一點的文件，任意變動，並且加入一點自己的創作（這兩種情形是同樣的壞因爲『支那學』家若要分別眞僞，幾乎是個絕望的工作，而且他時時有根據僞材料來下結論的危險。）

反過來說，此書是眞的假使牠眞在前二一三年前寫定假使牠是前七二二到四六八年中事實的眞正記載，是作者尙可自由參考各種文件的時候（卽上說年代內）所寫定。到了二一三年許多古代文件都毀滅以後，那些假文件——純粹根據理想做成而誤認爲周代的史料——的危險方纔起頭變爲嚴重。牠當作史料的價值的或高或低，是看牠寫在這個時期的或前或後來斷定的。假使牠寫定時近四六八年（傳說的意見把牠放在前五世紀），自然牠有更大的價值因爲幾乎是同時的見證了。假使牠寫定比較遲一點，譬如說是前三世紀，那麼牠不過根據幾百年前的舊傳說（口傳或筆錄）來編輯的牠的價值便小一點——可是牠仍極重要因爲無論如何牠還是中國歷史最古的詳細的記載之一。但是只要牠的時代在前二一三年以前，我們就沒有理由說牠是僞書。

所以左傳的問題分爲兩個主要問題：

左傳是否周秦前的眞的文件，在二一三年前焚書以前的？

這個問題非待有了肯定的答案，纔會發生第二個問題：

把左傳與魯國孔門連起來的傳說，是否眞確？

過去二千年的中國學者大都是高明的考據學者，而且有許多校勘問題經他們解決的精密而可信。例如宋代以來的中國學術界已經承認書經裏大部分的文件是西曆三〇〇年後的僞作。沙畹曾經總結這一類研究的結果（史記譯本第一册頁一一三）。伯希和（Pelliot）〔古文書經與尙書釋文（Le Chou king en caractères anciens et le Chang chou che wen)，見東亞雜著(Mém. conc. l'Asie Orientale)卷二〔一九二六〕曾經精確考察這一種難解決的問題的詳細情形，所以我們覺得有點不自在。當伯希和在上述的書(頁一三五附注)裏說：「左傳的問題沒有比書經清楚多少……西漢發現傳文的情形有點可驚異，因為牠們和我們現在所研究的偽古文的史書混在一起的。」

中國的考據學者既然有如此敏銳的眼光來決定書經裏孰眞孰偽，別人總希望他們能找出左傳的破綻，而且假如是偽造的，便該把牠指示出來。尤其因為左傳被人熱心的研究，且發生了不少的專門著述（例如通志堂經解、皇清經解、皇清經解續編等巨編裏的左傳之部。）但是除了晚近的偶然的例外，對於左傳的眞卻沒有人懷疑過。

試舉馬端臨為例（約十三世紀）。這位著名的文獻通考的作者，是一位大膽而激烈的批評家。神聖的春秋說是孔子所編定的，他對牠很嚴厲。他認為漢代學者把穀梁公羊左傳的共同記錄排列起來的〔參看雷格(Legge)的中國經書(Chinese Classics)卷五頁一八〕。但是他似乎把左傳當作眞的文件，以為左傳是春秋所從出的一部古書。和他一樣的是另一宋代學者，是那時代學術界中最激烈的批評家之一，王安石。他對於春秋很嚴厲。他並不否認這些文件的眞實性，但是宋史(卷三二七)說他「絀春秋之書，不使列於學官，至戲目為斷爛朝報（春秋的記載本來大部分都是諸侯間的戰爭、盟會及貴族之死等事）。（原註一）

（原註一）參見弗朗克 Otto Franke 的中國孔教與國教歷史之研究(Studien Zur Geschichte des Konfuzianischen Dogmas und der Chinesischen Staatsreligion)（一九二〇）頁一八，可是他翻譯的和我有點不同。

他認左傳是六國（楚、齊、燕、韓、魏、趙）——即前三世紀——時候的文件。所以這位大膽的批評家，雖然他不信左傳屬於孔子時的魯國，仍主張牠是前三世紀的著作，在焚書以前——所以是一部眞的書，並非後代的僞造。事實上到最近方嚴重的攻擊左傳眞僞問題，一方有一個日本的學者，一方有中國的許多批評家。

所說日人的著作，是飯島忠夫(T. Iijima)在東洋學報(Toyo gakuho)第二卷裏的一篇文章，牠的目的是純粹根據天文學來證明左傳是前漢末年的作品。

因爲沒有天文學的知識，所以我不能討論飯島忠夫的主張，但是我願意稍爲說幾句話：

中國的注釋家很注意春秋與左傳的年代上的歧異，及此二書同周室年代的歧異。而且從飽學的杜預（約當二八四年）到現在，有許多著作努力解釋這些歧異。這種歧異的原因，爲一般人所承認的，可以在阿佛來(Havret)和商波(Chambeau)的關於中國紀年之雜文(Mélanges sur la chronologie chinoise)（一九二〇）（在支那學論叢中 Variétés Sinologiques, 52）頁一八七裏得到個很好的總括的敘述。有一種大家公認的基本的理由，就是許多諸侯各有與王室不同的曆法，而且諸侯間文件的日期便根據這不同的曆法，所以各國太史的記載也混亂了。至於左傳紀年有前漢的味兒在內，是不成問題的——中國的批評家很早就可以查出的假使只有一段記載可以說是漢代的，那對於左傳全體也無大關係。而且我要讀者注意這是因爲還有一種心理的理由在裏頭呢。

大家都知道許多中國古書幾百年傳下來，不但靠書本，並且在古代各學派裏同時由教授口頭傳給學生——是一種師徒式的繼承，他們的名稱在後代著作裏常常有記載。（原註二）所以當一部書逐句學習時，裏頭的句法句調沒有被背書者改變或弄亂的大危險。但又有別的部分更容易忽略和攪亂，就是那些比較獨立的部分，那些可以換了任何同意詞而不妨害全句的部分。屬於這一種的，第一是許多專門名詞，因爲很難記憶，所以容易弄錯了。最好的例證就是比較穀梁和公羊的春秋裏的私名的寫法。同樣還有那些干支所表示的年代。不妨害全句的別部分，學者僅將『甲申』（申隋音 sien）與『甲辰』（辰隋音 zien）弄錯，那是多麼容易的事！關於用干支的記載，在前漢的末年傳說時常要弄錯的。所以在改正的時候，自然要帶些漢代的味兒。但是根據這一點來斷左傳全書的年代，那末免是太薄弱的材料了。

（原註二）在我看來，討論中國古書的歷史時，太少注意到這種口頭的傳授了。理論的時候好像默認古代文件的抄寫是古書傳授的唯一方法似的——這實是個錯謬的觀念。

更重要一點的就是康有爲一派的批評家，在歐洲爲弗朗克教授所宣傳。其實這派不該用康氏之名，應用劉逢祿之名——劉氏是十九世紀的學者——不過這位批評家的意見爲康派所採用而發揮，引起大家的注意罷了。（原註三）我們現在得要研究他們對於左傳的主張。

（原註三）參看弗郎克的書頁三四。

康氏的主張是這樣他說首先宣布左傳應有尊榮的地位而排斥穀梁和公羊者是劉歆（約當二二年）。劉歆同他的父親——即著名學者劉向——在皇家藏書處校勘從前學者所不能看到的祕書。劉歆宣言左傳優於穀梁和公羊時，康氏以爲他並不是沒有偏心的。劉歆是一個道德上差一點的人他幫助篡位者王莽來抵抗合法的劉家（他自己也屬於劉家）。照孔子的政治道德的條律，如公羊和穀梁所留下來的，很不利於篡位者。所以劉歆的工作是要利用他的保管祕書之職，來取消此二書在全國學術界的優先地位，代以在道德上可助篡位者王莽的書。要這樣做，他取了一部相傳是孔子提過的魯人左邱明所作的國語，用牠的幫助自己編一部說春秋的左傳在此傳注裏，他用一種公平的態度來敍述春秋時的各種事情——許多暗殺與戰爭。臣弑其君而取其位，或者擁立他們所保護的人。這樣便可以消滅那些反抗他的恩人王莽的批評。要拿他自己作的左傳來代替穀梁和公羊，必須使他的同時人相信是周代的眞文件，所以他參入了許多古字古詞，於是冒充眞品便成功了。

在我們詳細考察此種激烈主張以前，我們先要知道並且記住康有爲是一個政客，兼宣傳家的人，並且要知道他『考證』的方法並不是科學的論證，而有點新聞紙的味兒。康氏要想說明孔子原有的精神在漢代已經湮滅了，中國在十九世紀末年的各種國恥便是因爲離開了那位大聖人的眞教訓的緣故。他要這樣主張，必須要說明孔子的教訓是怎樣湮滅了的，所以就把劉歆作了個犧牲。這種論調的全體，當牠是中國思想在歐洲政治侵略壓力之下的混亂新方向的表徵，是很有趣的。（原註四）但是從歷史的客觀性看來，牠不免像很離奇的虛造的。要了解劉歆擁護左傳的熱心（來說牠是他的偽造），難道一定要問他的道德嗎？我們假如說劉歆在藏書處找到一部和現在一樣的左傳，是他以前所沒有見過的，他讀得很高與。難道這是古怪的嗎？在穀梁和公羊裏的乾燥陳舊的道德外，他得到一個中國古史的很生動的描寫。弗朗克說劉歆爲了那個不道德的左傳的詭計，與其父劉向相反抗，因爲劉向是傳穀梁的。假使爲了左傳來反抗父親，既然這個學者特殊的天才，沒有人否認過，那麼就說劉向是擁護穀梁的保守派，而其子劉歆是一個維新派，有明銳的具體眼光來賞識古代文件中有價值的部分，所以他愛他本國的寫實的歷史，更甚於陳舊的道德，這麼說豈不更自然些嗎？父子間爲了純粹學問上的原因而分離是很會有的，（在十九世紀受過教育的人們還會爲了拼法改良問題而變成仇敵的呢！）照我看來，康有爲的全體主張顯然是太牽強了。

（原註四）參看弗朗克在東亞雜志（Ostasiatische Neubildungen 一九一一）裏對於康有爲的運動的精確的敍述。

但是這樣說還不够，我們一定要舉出積極的證據來證明康派學說是錯誤的。他們主張的要點，弗朗克在上文所引的巨著裏說的很明白。

弗朗克自己是一個很愼重的人，所以不能盲從康氏激烈的主張。他把康氏要想證明左傳是僞作的全部的理由都敍述出來但是他的結論僅限於否認此書原爲孔門弟子或晚周儒家作的春秋傳注（穀梁與公羊是孔門的眞代表），並且說劉歆前並沒有人認牠爲春秋傳。如果此書在劉歆前便存在，牠的形式是一種歷史的記載，後來爲劉歆所割碎分配於春秋的記載，這其間他便很上下其手了。至於劉歆以前此書究竟存在與否，弗氏持的是懷疑態度。他說（頁七一）：「左傳同司馬遷所見的左氏春秋究竟是不是一部書，牠的著者是誰，以及著於何時，都還是待解決的問題。康有爲說左傳是劉歆依據國語編成的，這個假定也還得要證明呢。」在頁七六上他提及「劉歆用了左氏春秋新造或改造左傳」的話；當他總括他的意見時（頁八五），他說：「向來傳爲左傳一書，並非春秋的傳注，乃是一部完全獨立的著作，大約是晚周傳下的各種春秋之一；一直到了紀元前末年劉歆竄亂了一下，纔同春秋連了起來，變成春秋傳。」

弗朗克的主張是又簡明又謹愼。他眼前並不認爲此書的僞造已解決左傳與春秋關係的問題。所以他敍述了康派攻擊左傳的辯論之後，他還讓將來的學者去決定。

經過弗朗克如此總述以後，我們的工作就是來考察這些論證。

從劉歆不道德的動機——要想拿一部允許弒君和簒位的，同時又因認爲古代魯人注釋孔子春秋而變成神聖的書來代替穀梁和公羊——的說法上出發，有兩件可能的事。

劉歆也許就他所找到的左傳的史書，並不改動，也不加入自己的意見和古字古文法，僅僅的把牠割成片段，來分配在春秋的記載上（原註五）（他這樣作也許並沒有不道德的動機，他不過想使這部簡潔而難懂的春秋更容易懂一點）。假如康氏願意這樣主張，我就沒有甚麽反對。（原註六）這樣把左氏之書割碎而並不竄亂，也不至於降低左傳認爲周代第一流的文件的價值。因爲假如劉氏只把一種整篇的記載割成片段（不過把一段的頭上幾句稍微改動了）；那也沒有甚麽關係。這部書還是可靠的。還是周代生活的豐富而有趣的記載。

（原註五）大約還加了些起首是『君子曰』的講道德的文句，這對於此書其他部分並無妨害，因爲這些文句很容易認出而分開。其實中國學者也早就疑心牠們是後人所加的了。

（原註六）參看後文，那邊我斷定左傳原來和魯國的孔門並無關係。

但是康氏並不如此，他另有別的極端的主張，說劉歆靠着國語（這書與左傳很少相同的地方）的幫助，他可以憑着自己的想像來編成這部有這麽許多史料的巨著。

康派主張劉歆僞造的唯一的認眞理由，就是得要證明我們所知道的左傳恰當劉歆替牠辯護的時候忽然發現，此時以前完全沒人知道（但是就是這一點能夠證實，不過是僞證的一半，因爲很誠實的人們也會發現重要而從未知名的古代文件）。所以他們必須——

（一）研究劉歆在祕府發現左傳的記載；

（二）鑑定後漢前半期的關於劉歆以前左傳存在與否的別種佐證；

（三）鑑定一世紀前司馬遷關於左氏春秋及其作者的記載。

讓我們依此次序考察這些論證。

（一）此書發現的歷史是班固前漢書的劉歆傳（卷三十六附在楚元王傳後）發現後不久就公布，所以班固的記載值得很嚴重的注意。弗朗克在這一點是贊成康氏的主張的，所以很珍重這一段的記載，並在他自己的著作裏翻譯出來（頁六〇）。但是我對於這一段的解釋同弗朗克有幾點很重要的異點。我想最好拿翻譯同中國原文都抄在下面重要異點印刷時排得離開一點。（譯者註一）

及歆校祕書見古文春秋左氏傳，歆大好之時丞相史尹咸以能治左氏，與歆共校經傳，歆略從咸及丞相翟方進受質問大義。初左氏傳多古字古言學者傳訓故而已及歆治左氏，引傳文以解經轉相發明，由是章句義理備焉。

（譯者註一）原書引漢書後列弗朗克及作者自己的譯文，并有幾段附註，因與中國讀者無關，故暫時略去。

這是很易看出的，弗朗克和我的譯文，對於這件事有個完全不同的見解。從他的解釋講來，弗朗克自然有如下的結論（頁六三）：『在劉氏校勘宮中文庫的時候，他碰到了他稱牠爲春秋左氏傳的一部雜亂的古書。所以此書在那時尚無人知道，而且牠的名字是第一次出現於當時人們之前。』

但是我的翻譯（重要部分與雷格同）對於這件事有很不同的解釋。劉歆是劉向——一個熱心傳穀梁的人

——的兒子，也是他的學生，所以起初並不知道左傳。當他忙着校祕書時，他發現了這部書；因為他是一個很好的文學批評家，所以他馬上看出牠的重要。這部單行的書在劉歆發現以前是看不到的——這個班固說的很明白——但是這並不是說左傳在先完全沒有人知道。恰如穀梁有牠的門徒（劉向便是其中之一），公羊也有牠的門徒，所以左傳也有牠的門徒。其中最著名的一個，就是翟方進。這一點不但是上文所引一段如此講，並且班固在翟方進傳（前漢書卷八）內也這樣說：『方進雖受穀梁，然好左氏傳。』（原註七）（譯者註二）所以這是一件極自然的事情，劉歆對於這位熟習左傳的人請教難於解釋的問題，而丞相史尹咸顯然也是熟習左傳的人——他『能治左氏』——同劉歆共同編定左傳。劉氏是一個很好的考據學家，他的開創之功，尤其是他發現一部古本之事，對於左傳的研究開個新紀元。一向的學子（左傳派的門徒）只是記誦這部書，並且由師及弟的傳授各種解釋。這纔第一次拿此書直接解釋春秋，兩方可互相幫助，這種新辦法就是劉歆成功的訣竅。（原註八）。起初他確為守舊的學者們（包括他的父親）所反對，但是左傳中的趣味感動了一般學者，尤其是牠能幫助了解神聖的春秋，所以從第一世紀以來，左傳在中國學術上得到一個很尊榮的地位，永遠不再失掉的了。

（原註七）這很重要的一段，弗朗克很公平的引着（頁六五）。但是中國批評家並不從此立下自然的結論——說左傳早已有傳授者——而不肯相信牠。

（譯者註二）這篇譯稿初由新月書店印成單行本時，胡適之先生曾在此處加按語道：『高氏頗信劉歆以前早已有傳授左傳的人，此說頗難證實。下文他又頗信許慎說的左傳由張蒼傳到賈誼，再傳到尹咸翟方進之說，又信孔穎達說的（按即經典釋文說的）左丘明傳曾申，申傳吳起，起傳其子期，期傳鐸椒，椒傳虞卿，卿傳荀況，況傳張蒼，……之說。尹咸翟方進皆是劉歆同時的人，不能說是劉歆以前。其後許愼以至陸德明孔穎達，年代愈後則傳授的世系愈分明詳細，可見其爲晚出之說，未可信爲劉歆以前有人傳授左傳之證。

（原註八）雖上邊所引原文並未如此許，然劉歆把牠分成片段來依附春秋的記載，如弗朗克所說，也是極可能的。別的傳說卻說是杜預（約當二八四年）第一次如此做的。

班固對於此書發現的記載，就是如此。從牠可以看出來左傳並不是一個絕對新奇的東西，乃是早爲一般人所知道的一部書。但是班固這種證據的價值自然還有問題。

康有爲想證明左傳的傳授可以追溯到劉歆，是很自然的。所以他急於說班固對於此書發現的記載是直接受了劉氏的影響，弗朗克總括康氏的主張說（頁六二）：『康氏先叫我們注意這漢書著者班固，當他幼年或許還與劉歆同時，大概沒有獨立的文學的評判力，所以完全附和劉氏的學說。所以劉歆傳大部分可認作根據劉氏自己的。』這些康氏的思想都是站不住的。第一，班固一向認爲傑出的學者，也是個傑出的文人（參看後漢書本傳），最重要的是劉歆在西曆二二年自殺，而班固剛剛在七十年以後死的（九二年）。他的父親班彪是西曆紀元三年生的，當劉歆自殺時，彪十九歲。當劉歆死時，班固也許還未出世，至多不過剛生下的嬰兒罷了。所以說班固沒有獨立的見解，說他受劉歆的影響，這種說法顯然是爲着要適合康氏對於劉歆的偏見而造的罷了。

（二）班固關於劉歆把左傳公之全國學界的記載，是最重要的，因爲牠是一件時代很近的事情的見證，他對這件事情當然有可靠的知識。還有別種材料，是那些前一世紀和後一世紀的學者記載左傳早年的傳授的假如一件事情比敍述的人早到一百年以上，我們便不能把牠當作可靠的史料。一個好例是班固前漢書裏所述的各故事，說魯恭王要擴張他的宮殿，使破壞孔壁，因而發現古代文件。此事第一見於藝文志內（卷三〇）——此志常認爲劉向劉歆所編目錄的節略——裏邊說着尚書（書經）、論語、孝經和禮記。第二見於班固在劉歆傳（卷三六）裏所引劉歆自己的一封信，裏邊說禮（記）與書（經）從孔壁內找出。劉歆還說：『及春秋左氏丘明所修，皆古文舊書，多者二十餘通，藏於祕府，伏而未發。』（原註九）還有王充（二七——九七年）講同樣的故事，但有重要的異點〔福克（Forke）本論衡卷一頁四六二〕：『〔恭王〕得佚春秋三十篇，左氏傳也。公羊高、穀梁寘、胡毋生皆傳春秋，各門異戶，獨左氏傳爲近得實。』（譯者註三）王充也說左傳是壁中發現的，所以同劉歆剛剛相反。

（原註九）這是很有趣的，試看劉歆自己在別處（卷三十藝文志，卷三六原信）並不說左傳與那些經書同從孔壁裏出來；果是他的作僞，爲冒充古籍起見，當然要如此說的。他提左傳來是很坦白的把牠當一部與壁中發現無關的書來提的，不過同藏在那個神聖的庫內罷了。這一點針對着康氏『僞造說』說的。

（譯者註三）按此見論衡卷二十九案書篇。

不幸班固（這裏也可說是劉歆，因爲他是藝文志和這封信的作者）把此次發現放在武帝之末（前一四〇——八七年），而王充把牠放在景帝時（前一五六——一四一年），所以伯希和（古文書經與周書釋文頁一三二）說孔壁的故事是前一世紀的一種傳說。劉歆（他不相信左傳從壁中找出）和王充（他相信牠從壁中找出）是不同的。所以這兩種記載都不能認爲歷史的事實，不過在我們等一會兒看來還是有很高的價值的。

雷格更指出別的兩種有同樣價值的記載。一個是劉向的（前八〇——九年）可惜原文現在亡了，所以不能應用——爲孔穎達所引（參看雷格的書卷五頁二七），說左傳的傳授從左丘明到曾申（孔子弟子之孫），再傳到張蒼——蒼於前二〇〇年封爲北平侯（雷格頁二四），也是個著名的學者。還有一個同樣的傳授由張蒼到飽學的賈誼和別的學者，再傳到尹咸同翟方進（參看上文），這是說文（一〇〇年書成）作者許愼所說的。在這兩個地方——恰如王充敍述左傳從壁中發現一樣——記載的事實在記者前幾百年，所以未必比王充的記載更可靠。但是合幷起來，這些證據便有點價值。許愼也許受劉歆一派的影響，但是他是一個很精明的學者，是中國學術界雄傑之一。劉向不應該爲他兒子所欺騙，那麼他的證據（孔穎達所引的若認爲不誤）應該是絕對非被動的。而且照弗朗克說（頁四九）王充是『古代中國所產生的最敏銳，最平允，最嚴厲的批評家，』便不會受劉歆影響的。這三位學者所告訴我們的故事，雖然有一部分是無稽的（至少有一部分是無稽的；傳授內有一部分還可靠），卻明白指出他們那時有個很普遍的傳說，說劉歆以前左傳已經很著名，並且自成一派的研究。照我的解釋，上邊所引班固的一段同這個傳說在這一點上很符合的。

（三）所以我們對於司馬遷的記載，並沒有甚麼懷疑。牠不過述左傳時代之古，這是在我們意料之中的，從較晚的證據看來。

司馬遷從兩點證明他那時左傳是存在的。第一、史記裏有一段常常引用的（卷十四）：『七十子之徒，口授其傳指，爲有所刺譏褒諱挹損之文辭，不可以書見也。魯君子左丘明，懼弟子人人異端，各安其意，失其眞，故因孔子史記具論其語，成左氏春秋。』第二、史記裏邊有幾十段同左傳相同的（微有歧異，參看下文）。那麽我們說司馬遷把左傳擺在面前，隨時錄出他所合用的，不是個再自然沒有的結論（如沙畹等）嗎？

但是弗朗克並不相信。不管這些符合的證據，他有他的理由。照他看來（頁六五），司馬遷與左傳相同的地方『並不能證明甚麽。他們可以同樣的從第三種材料（我們所不知道的？）引來，或者從別的書——這個書後來被劉歆改成左傳——上引來。』那麽假如司馬遷的確看見左傳所有的事情，我們爲甚麽要假定有第三部書，而不是甘脆說他看見左傳（割成片段與否，是不很緊要的）？照我看來，弗朗克除掉他自己一定要說劉歆是找到一部前人所不知道的書，而把牠完全改造過云云之外，並沒有別的理由。但是據我們看來，這種意見不是從證據上產出來的，所以他的另外有『第三種書』的說法還是落了空了，

關於史記敍述左氏春秋的一段，弗朗克的論證是：史記裏的一段再見於前漢書中劉歆所作的一部分，不過有一點很小的變動，而且（頁七〇）『和劉歆目錄語句之符合，除掉說是劉歆竄入史記來作他的記載的證據的，並沒有甚麽別的解釋。』不必說劉歆能夠把竄亂史記的手續辦妥是不像會有的事，就單說他從史記裏抄這

一段，豈不更自然近理些？弗朗克爲甚麼不相信這一點呢？因爲：

（甲）劉歆並沒有說明引史記；

（乙）在史記別的部分穀梁和公羊兩派的傳授都記載的，但是沒有說到左氏一派，而且司馬遷對於左丘明大都是不很注意；

（丙）『而且，依史記的記載，有七十個學生親受教訓。可是左丘明之名康有爲說的不錯，不但爲孔廟所無，爲史記的孔子弟子列傳所無，而且我們還要說家語卷十列舉的七十二弟子也沒有他。』

這些理由很難使人相信。

（甲）中國的著作家很少說明他所引用的來源（史記的一部分便是抄襲拼湊起來的）；

（乙）這一類反證是很危險的，尤其是因爲這是第一次把許多材料著成一部歷史。

（丙）在史記別處，左丘明的確不在七十子之列——但是也不在弗朗克疑爲竄入的一部分！司馬遷在這一點上絕對一致的：左氏並不是七十弟子之一，他是他們以外的『魯君子』，他懷疑七十子沒有傳微言大義的能力，所以著此書。照司馬遷看來，他是一個局外人，他是一個自薦的人，他很早就懂得孔子的主張，並且是一個傑出的人，是一個『君子』，所以他能够著這部有名的書。假如他在史記裏邊不常見，那是因爲司馬遷知道的不多，他只說他所知道的罷了！

我們現在所得的結論是很明白的：沙畹說司馬遷看見並且引用左傳（大概有別的名稱，並且沒有割成片段）是不錯的。但是這並不是說他把左丘明當作左傳的作者是對的。這是一種關於幾百年前事情的記載——也許不過是一種傳說。但是我們可以看出來司馬遷明明是把左傳當作一部很古而可貴的書，他的心理也不難了解：

司馬遷看見一部巨大的史書（他叫牠做左氏春秋），便從牠引用了許多。說孔子第一次以私人引用公家的記載是甚麼人都知道的。所以司馬遷不能不料想左傳這部巨著同孔子的事業是有關係的。他從傳說裏知道，這並不是孔門弟子的著作。不過書名叫作左氏春秋，他便說這一定是論語裏邊所說的左丘明作的。夫子和他好惡相同——他一定比弟子們高明，他是一個君子。夫子知道他——他一定是一個魯國的人！

以上講的是從古史裏看來，左傳比司馬遷早是可・能・的・事・情。但是我願意說這類的『證據』不能使我滿意。有些事情在古書內記載了；有些事情忘掉了，並沒有記載下來；有些事情記載下來了，可是亡佚了；這都是碰運氣的事。司馬遷、劉向、劉歆、班固、王充、許愼所說的關於左傳的話，不過是第二等的證據。我自己相信的原則是，左・傳・之・科・學・的・研・究・應・該・注・重・左・傳・的・本・身。

第一步也是頂自然的一步，是考察史記內所有左傳的文句。這裏我們就得到確定的證據：一看就知道的。從沙畹的研究，我們知道司馬遷在書經內遇見古奧難懂的文句，常常用簡明的文字來代替（史記譯本第一册頁一二七）。他對於左傳也是同樣的，只要一比較便知司馬遷根據左傳，常常比左傳簡明一點：這便允許我們得到一個確實的結論，說司馬遷作史記時便有一部左傳。這是很明白的，當他敍述事實的時候，他改動的更自由一點；但他引說話的時候，對於左傳更遵守一點。先舉幾個例子，第一個是相連貫的一段兩書上比較有趣味的異點用括號標出：

左傳文公元年

初【楚子】將以商臣爲太子，
訪諸令尹子上。子上曰；『君之齒未也，【而又多愛】，
絀乃亂。
楚國之舉【恆】在少者。且【是人也】蠭目而豺聲，
忍人也，不可立也。』【弗聽】。
【既又】欲立王子職而黜太子商臣。
商臣聞之而未察，告其【師】潘崇曰：
『【若之何而察之】』？潘崇曰：
『【享江芊】而勿敬也』云云。（譯者註四）

史記卷四十

初【成王】將以商臣爲太子，
語令尹子上。子上曰：『君之齒未也，【而又多內寵】，
絀乃亂。
楚國之舉【常】在少者。且【商臣】蠭目而豺聲，
忍人也，不可立也。』【王不聽】。
【立之後，又】欲立子職而黜太子商臣。
商臣聞而未審也，告其【傳】潘崇曰。
『【何得其實】』？崇曰：
『【饗王之寵姬江芊】而勿敬也』云云。

（譯者註四）原書於此段之後附雷格的左傳譯文，因與中國讀者無關，故暫時略去。

除了把幾個名詞改來合他的脾胃外，司馬遷說明：（一）這裏邊的楚子就是成王；（二）古奧文辭『多愛』意思就是『多內寵』；（三）『恆』同『常』是同意（四）『是人』指商臣；（五）『弗聽』指王；(六)『既又』意思即『立之後，又』；（七）不明白的名字江芉就是王的寵姬。

爲篇幅關係，下邊的例子不能引全文，我只指出重要的異點。

左傳文公十八年『好行凶德。』這裏『德』是很特別的，所以司馬遷（卷一）改作：『好行凶慝。』

同上：『投諸四裔。』司馬遷改爲：『遷于四裔。』

左傳襄公十四年：『固立之。』這是很簡省而不易明瞭的，司馬遷改的更明白一點（卷三一）：『吳人固立季札。』

左傳昭公二十七年：『我王嗣。』司馬遷（卷三一）解釋；『我眞王嗣當立。』

同上：『王可弑。』司馬遷：『王僚可殺，』（直說人名，而且用『殺』代替『弑』）。

同上：『我爾身』太簡略了，司馬遷改作：『我身子之身也』，（服虔說的更明白一點，『我身猶子之身』）。

同上：『王使甲坐於道。』司馬遷：『王僚使兵陳於道』，拿這個普通一點的『兵』和『陳』來代替『甲』和極不普通的『坐』。

左傳莊公八年（公允許瓜期派人代理）：『期戍公問不至。』這一句是很簡省的而且『問』是很晦澀的，所以司馬遷把牠完全改了（卷三二）：『往戍一歲卒瓜時而公弗爲發代。』

同上：『曰捷，吾以女爲夫人。』司馬遷說：『曰事成，以女爲無知夫人。』拿簡單的『事成』來代替難懂的『捷』，並且明明白白的說是誰的夫人。

左傳昭公十三年：『乃有大事於羣望。』這很古怪的『望』使司馬遷把全句改了（卷四十）：『乃望祭羣神。』

左傳昭公元年：『日尋干戈。』這個奇怪的『尋』，司馬遷（卷四二）解釋道：『日操干戈。』

同上：『抑此二者不及君身。』司馬遷說：『然是二者不害君身。』拿普通的『然』來代替不普通的『抑』，拿明白的『害』來代替含糊的『及』。

同上：『若君身則亦出入飲食哀樂之事也。』司馬遷改的更明白一點：『若君疾，飲食哀樂女色所生也。』

左傳昭公七年：『弗父何以有宋而授厲公？』司馬遷覺得這太簡單而晦澀，所以改作（卷四七）：『弗父何始有宋而嗣讓厲公？』

左傳僖公五年：『太伯虞仲，太王之昭也……虢仲虢叔，王季之穆也。』要代替特殊而古怪的『昭』『穆』，司馬遷（卷三九）說：『……大王之子……王季之子。』

同上：『動在王室，藏於盟府。』這很簡單的『動』，司馬遷改作：『其記勳在王室』云云。

左傳宣公三年：『桀有昏德。』司馬遷（卷四〇）用一個更普通而容易懂的字『桀有亂德。』

左傳宣公十二年：『不泯其社稷。』司馬遷（卷四〇）：『不絕其社稷』拿普通而容易懂的『絕』來代替不常見的『泯』。

同上：『庸可幾乎。』『幾』是很晦澀的，司馬遷改作：『庸可絕乎？』

左傳哀公七年（曹國的人夢見會綫危害國家的公孫彊）：『求之曹，無之，戒其子曰。』司馬遷（卷三五）說的更明白：『求之曹，無此人，夢者戒其子曰。』

左傳宣公十年（說了幾個笑話）：『徵舒病之。』司馬遷（卷三六）改去特別的『病』，說得簡單一點：『徵舒怒。』

左傳昭公八年：『臣聞盛德必百世祀。』這一句的確簡單而且晦澀，所以顧甫樂（Couvreur）翻譯錯了：Votre serviteur a entendu qu'une vertu parfaite se transmet durant cent générations（您的僕人聽說完全的道德可以流傳一百世）。司馬遷（卷三六）要使他更明白一點，所以改作：『盛德之後，必百世祀。』

這些例還很可以擴張，但是也用不着了；上邊所舉的例子已經是很豐富的證據，證明司馬遷改動左傳；左傳是原本，司馬遷的是副本。

司馬遷的著作有大部分在前九九年完成的（參看沙畹史記譯本第一册頁四五）。在史記內有許多左傳的文句，所以我們可以說至少在前一〇〇年的時候，左傳已經存在了，所以我們知道此書在前四六八至一〇〇年中間寫定的。但是這裏眞僞問題只解決了一部分，第二個問題我們必須解答的是：這部書成於前二一三年（焚書）到一〇〇年中間呢，還是在焚書以前？

第一種設想是萬不能成立的，假如一個在前二世紀的作者，也不託古書的名，就單只根據他所能得到的材料，來公然的作一部新的史書左傳，那司馬遷一定就會知道這一件事情的，他也就不會講他說左丘明的那個故事，也不把左傳當成一部很古的書了。所以左傳或者是焚書前的眞實的文件，或者就是前二世紀一個不知名的學者祕密作的一部書，冒充中國古代文件——一種和漢初發現古書有關係的僞書。假如後一說是對的，那一定減少此書的價值；因爲我們不能知道左傳裏的記載那一部分是眞的，那一部分是根據作僞者的虛構。那麼那些簡約的文字同難懂的語句（司馬遷改容易的）並不是眞正的古中文，不過是作僞者想做得使他的書更像眞的罷了。

第一我們要知道，這一種作僞是不大像會有的。當前一世紀的初年，史記固然還未作完，但是牠的材料早已搜集了好多時候了。司馬遷大約生於前一四五年。其父司馬談曾經計劃過全書，並且搜集了大部分材料，他是一個太史令——此職當在他的壯年——在建元元封中間（前一四〇——一一〇）。古書的查封是在紀元前一九〇年停止。所以古書的復現，至早也不過在司馬談以前的數十年，而且大概一大部分還是與他同時的。這一位聰明的搜集材料的人，絕不會被一個同時或略微早一點的作僞人所騙；至少像左傳這樣浩大而又重要的書，他應該知道這個重要的發現的詳細情形。一切事情都助證左傳是在焚書以前的。最後的一個證據，就是左傳如下文用語言學研究的時候，可證他自己有牠的文法，一種很特殊的文法系統，沒有一個作僞者可以想像到，可以前後一致地用左傳上這種特殊的文法結構。

下篇

講起中國的文學來——在中國如焚書和古書發現的事情應該引起重大的注意，且對於各種眞僞問題當有特別的愼重的考察——而從來沒有人借助於語言學上的標準來做工夫，是一件很奇怪的事情。從西洋古代文學上的經驗，知道沒有語言學的幫助校勘學是不成功的，而在中國尤其重要。然而中國古代文字的校勘學，就我所知而論，從來沒有認眞的用過語言學的方法。中國的校勘家固也常常說某種文件的『文字並不是眞正古代的語句』，有時也用單字當作證據來證明一部書並不像一般人所想像的那樣早。例如王安石曾在他已亡的著作內（參看上文）指出左傳裏有些話（官爵），照他看來，是秦以前所沒有的。但是此種事實至多能證明那一段是插進去或被改動的，我們所需要的是靠語言考察此書的全體。

中國校勘學並不借助語言學，有很明白的理由。中國文字是一種無可奈何的東西。假如古書是用字母拼成的，一定早就發現周代的各種中國方言，正如在希臘文裏有雅典的 Attic 多日士的 Doric 愛阿尼亞的 Ionian 各種分別。但是在非拼音的文字內隱藏着的發音上的異點，不能在文字裏表示出來。在一種早就不能從語尾的變化來創造新詞的語言裏面（絕對不像印度歐洲系的 Indo-European 文字那樣能靠他們的豐富的語尾變化格式來幫助語言學家和語言學的校勘家），似乎是沒有語言學家發展的餘地了。但是幸而事實上幷不那樣無望。有一類材料，雖不多，但是校勘上很有價值，這便是文法上的助詞。

中國的文言，是非常複合的各種文法上的方法在古代通行的，在後代也可以混用。這種包滾法早就起頭了，是大家默認的，大約當前一〇〇〇年的中段便有此事了。有的文法家——我尤其想到蓋伯倫次（Gabelentz）的中國文法（Chinesische Grammatik）（一八八一）——固然承認書經同詩經有一種異於孔子及後代的文法（如「攸」「厥」等助詞），但自從孔子以後，各種書內並沒有眞正的分別。我們知道「若」與「如」是同意的，也可以當作「像」講，也可以當作「假使」講；還有「此」同「斯」都作「這個」講；還有「則」同「斯」都作「就，於是」講；還有「于」「於」「乎」都作「在」字講；還有「乎」「與」「邪」都是疑問的字等等。假如我們把各種古書混合起來，求結論，結果一定如此。但是沒有一個人注意到假使你研究一個作家，只注意他的文法的組織，再研究別的作家，再注意他的組織，這裏可以有很大的異點，彷彿甲只用某幾個助詞而不用別的，而乙只用他自己的和甲不同的一套字;換言之,周代文學既然表顯出活的語言,並不像後來雕琢的死文字,那麼在那時文件裏人們可以根據各種本子的文法的分析來求出各種方言出來。假如用這一種計算而有一點效果,那麼校勘學應該感謝語言學的研究來決定眞僞問題、種類問題和著者問題在下文我作這一類的研究的初試。

我們已經知道左傳比司馬遷更早也許還在焚書以前(下文另有最後的證據),我們便遇見一個近來西洋常常討論的大問題:左傳同魯國的孔門有沒有關係?我們知道中國的傳說如司馬遷所述的,說左傳是一位同孔子有點關係的魯國人所作。但是有些西方人卻不承認這種傳說。德國學者格魯伯(Grube)在他的中國文學史(Geschichte der chinesechen Litteratur)(一部很可嘉的書,應該譯成英文的)裏,第一次說左傳也許是孔子自己作的。辛德賴(Schindler)和歐克士(Erkes)都很相信他。可是一方面弗朗克在上文常引的一部書裏,很堅固的主張左傳同魯國的孔子或孔門沒有任何關係。在這三種主張以外,還有第四種,可以拿沙畹來代表(史記譯本第一冊頁一四九):說此書是陸續作成的,而且當孔子之道從左丘明傳張蒼時常有增加和改動。

格魯伯把這部書送給孔子的唯一理由,因爲孔子自己有一句話說他希望後人拿春秋來評判他;所以他想這部書是孔子一生最大的工作。但是春秋不過是很樸素而乾燥的文句,從魯國國史裏摘出來的。格魯伯解釋這一種矛盾,說是孔子並不是指春秋原本,實在是指左傳對於那些簡單記載所補充的豐富而寶貴的史料。

但是這個證據並站不住。弗朗克很明白而透澈的說孔子根據春秋來評判自己的工作,同左傳沒有關係,他眼光中另外有別的東西。弗朗克說（頁八五）：『春秋不是部史書，卻是政治道德的教科書。牠一方面是孔子寫定的些簡短而包含很多的短句，一方面又有由他口授學生的種種解釋。這種解釋由兩派傳授下來，直到前二世紀中年方寫定在公羊與穀梁裏。』孔子所自豪的乃是他的『政治道德』裏邊的教訓，弗朗克對於這一點的演繹，據我看來是很可相信的。

辛德賴替格魯伯加上幾個理由。第一、他注意到左傳有時候就叫作春秋（例如我們知道在司馬遷的書裏的名稱：左氏春秋）。但是這不能證明什麼，因爲『春秋』是各種史書的公共名稱，所以稱左傳爲各種春秋之一，並沒有甚麼可怪。辛德賴主要的論證是：他既然很堅決相信左傳眞是周代的書，他舉出許多良好理由證明爲甚麼作者不是孔子的弟子（辛德賴古中國的宗教制，一九一九頁五四）。——『所以除掉說是夫子自己著作的以外，不見得還有甚麼別的可能的了。』我們不難見辛德賴的結論和司馬遷同樣的危險。司馬遷從傳說裏知道左傳不是七十弟子之一作的。但他不能料想此書有與孔門完全無關的可能，那麼他只能把這著作歸在一個『魯君子』的身上了。辛德賴同樣的不願想到魯國範圍以外，既然不是弟子作的，那麼一定是夫子自己作的。他並沒有想到別種可能性，就是左傳同魯國並沒有關係。然而這就是這個問題的答案。要證明這一點，我們必須考察各種文法上現象，作個比較的研究，一方面是魯國的方言，一方面是左傳的方言——以後簡稱『左語』。魯語可以拿兩種很長的文件來代表，論語——此書爲孔子弟子所作，裏邊有他的許多說話——和孟子——此書我們可以看出同論語有同樣的文法上的組織（這一種方言的別的文件，詳見下文）。孟子代表這種方言較晚的時期，所以有一點小小不同的地方。看下文的統計的時候，我們應該記住左傳比較論語、孟子合幷起來還要大得多（左傳大約十七萬字，論語大約一萬七千字，孟子大約三萬五千字）。

我們先要申明了在下文的統計和案語裏邊，凡是論語、孟子、左傳引他書處，都未計入。這些當然是要除外的。常常引證的書經和詩經裏的話就是這些例。還有在左傳裏，一段的頭上幾句常常抄春秋的記載，因爲牠是附在春秋之後的；這些句子自然應該除外（這些也許是劉歆或杜預把左傳割碎了來配春秋的時候所加的）。

（一）「若」和「如」。

這兩個助詞，現在聲音很近（jo 和 ju），但是在古代很不同（六世紀時「若」讀 nziak「如」讀 nziwo 參看高本漢(Karlgren)中文解析字典(Analytic Dictionary of Chinese 頁二七二和二七三），在中國古文裏認爲絕對同意的，共有兩種意義：

（甲）「假使」「至於」，例如：

「如博施於民」，論語卷六「若弗與」，左傳隱公元年。「若夫保姓」，左傳襄公二十四年。

（乙）「好像」，例如：

「如矢」，論語卷十五。「若禹之行水」，孟子卷四下。「如時雨降」，孟子卷三下。「如是」，論語卷十四，「若是』，論語卷十三。

但是在魯語和左語裏有一個很明顯的異點，從下邊表內可以看出。在此表內，我分別舉出幾種普通的固定的結構屬於第一種意義的有『若（如）某何？』例如『如禮何？』論語卷三。有時候拿『之』字來代表『某』：『若（如）之何？』屬於第二種意義，有『不（弗、莫、豈）若（如）』，例如『知之者不如好之者』，論語卷六。

		左傳	論語	孟子
甲	若（假使）	三三四		二
	如（假使）	三	一七	三七
	若某何	八二		
	如某何	二	二三	二〇
	若	一		一五
	如		一	
乙	若（像）	三	一三	七一
	如（像）	一九九	六九	五〇
	不（弗等）若	一		一一

不（弗等）如	一〇二	一二	一三
何若			
何如	二一	二〇	一八
若何	二七		
如何	二		三

甲種意義：

解作「假使」時。左傳很規則的用「若」（共有三百三十四個「若」字，只有三個「如」，參看顧甫樂譯左傳卷一頁六三六卷二頁九五卷三頁三三四）；例外既然這樣少我們很可以認爲長期的口授同傳寫所改動的。魯語裏邊也同樣規則的用「如」（五十四個「如」只有兩個「若」，參看雷格譯孟子頁一四〇與三六六）。

解作「至於」時，便稍微有點紛亂了。這個公式「如（若）某何」規則與上文解作「假使」同：左傳用「若」（八十二個「若」，兩個「如」，顧甫樂本卷二頁三九四，卷三頁五〇六）。魯語內用「如」，沒有例外（四十三處）。但是「若（如）」獨用的時候解作「像」而不在上列公式內，左傳還是守着常規十一個「若」而沒有「如」。不料孟子也用「若」（十五處）而不用「如」，論語只有一個「如」，得不到甚麼結論。

所以甲種意義——左語一定用「若」：魯語一定用「如」，除了「若」獨用時（「至於」）。

乙種意義：

解作「像」時（不在成語內），或者在公式「不（弗等）如（若）」裏，左傳一定用「如」（共三〇一個「如」，只有四個例外「若」，顧甫樂本卷二頁三一九、五三三、五三五、卷三頁四九六）。魯語亂用「如」與「若」（「如是」與「若是」）等九十五個「若」，一百四十三個「如」。連用疑問字「何」，左語的規則依「何」在前在後而定「若何」（二十七處，只有兩個例外「如何」，顧甫樂譯本卷一頁三三五卷三頁四二七）與「何如」（共有二十八處）。

所以乙種意義——左語一定用「如」，除了公式「若何」（也許從公式「若之何」減省的？）；魯語兼用「若」同「如」，除了用「何」便用「如」。

總結：

	甲「假使」「至於」		乙「像」	
	規則	例外	規則	例外
左語	若	若（「至於」）（不在成語內）	如	若何
魯語	如		若與如	何如

請注意這個很有意義的事實：浩大的左傳在這一層上，是全書一致的——牠並不是從各種材料隨隨便便

的不用「語言的通盤的改弄」而編湊起來的。

（二）「斯」解爲「則」。

引起一個結句時常用的助詞就是「則」，例如「臨之以莊則敬」，論語卷二。此外還有「斯」，例如「觀過斯知仁矣」，論語卷四。

這裏「斯」雖是沒有「則」字那樣普通，然而在魯語裏邊也算一個常用的助詞：論語（雷格譯本）頁一四三、一三六兩次、四四、六七兩次、六八、七三三次等等；孟子（雷格譯本）頁一三五、一七四、二〇一、二七七、二七八等等。

在浩大的左傳裏邊有幾百個「則」，我只找到兩個『斯』在「君子曰」一段裏邊的，所以是不可靠的（成公七、八年），還有兩處（昭公十年，哀公八年），是在引別人的話裏。所以可以說「斯」解作「則」——在左語內是沒有的。

（三）「斯」解作「此」。

古文裏常用的指示代名詞和形容詞，解作「這個」的是「此」，例如「賢者亦樂此乎？」孟子卷一。此外還有同意義的「斯」，例如「其斯之謂與？」論語卷一；「何莫由斯道也？」論語卷六；「斯人也而有斯疾也！」論語卷六。

七八、「斯」字解作「這個」在魯語中是很常見的：論語（雷格本）頁七八、二三、二八、三七兩次五二兩次七四、七八八一兩次等等；孟子頁一三四、一四三、一六二、一七四兩次一七七等等。

「斯」字解作「這個」在左語中是沒有的。

（四）「乎」解作「於」。

最普通的介詞解作「在」的，是「於」同「于」（參看下文），例如「於三家之堂」，論語卷三；「盟于淳來」，左傳隱公八年。此外常常用「乎」，例如「今拜乎上」，論語卷九；「放乎四海」，孟子卷四下。

這個「乎」在魯語裏是一個規則的常用的介詞，論語頁六一、一四三、一五四等等——共二十八處；孟子頁一五〇、一七三兩次、一七六等等——共四十七處。在左傳裏（除了「於是乎」一類很常見的用「於」的現成習語），我只知道兩處，襄公十年（「必爾乎取之」）同昭公二十三年（「監乎若敖」），同時卻有許多百個「於」和「于」。這就說「乎」字當作介詞不是屬於左語的。

（五）「與」字解作「乎」。

最普通的句末的疑問字是「乎」，例如「不亦樂乎？」論語卷一。在這個意義上同「乎」交換用的常常是「與 yü」（下平聲），例如「其爲仁之本與？」論語卷一。

這個「與 yü」當作疑問字在魯語內是一個很規則而很常見的：論語頁三六三次、八二〇、五一三次、七四、八二等等；孟子頁一四二、一四四三次，一四五四次，一四六、一五一、一六一、一七八等等。『與』當作疑問字在左語內是沒有的。

（六）『及』和『與』解作『和』字。

中文內表示『和』常常省了的，例如『仁義』，孟子卷一上。但是古書內也常用『及 ki』和『與yü』兩個連詞。

左語內『與』和『及』都有而『及』字尤其通行，例如『殺道朔及巴行人』，左傳桓公九年；『公及齊侯盟于落姑』，閔公元年；『宋及鄭平』，隱公七年；『生秦穆夫人及太子申生』，莊公二十八年。

在魯語內只有『與』字，例如『吾與回言終日』，論語卷二；『富與貴是人之所欲也』，論語卷四；『惟我與爾有是夫』，論語卷七；『爲湯武毆民者桀與紂也』，孟子卷四上；『我能爲君約與國』，孟子卷六下。無論論語和孟子內都沒有這種意義的『及』字。（譯者註五）

（譯者註五）『我能爲君約與國』，『與』字誤解。

（七）『於』和『于』。

這兩個介詞有各種用法：in, at, on（在），into（到），vis-à-vis（向），from（從），等等。一般的文法家同字典家大多沒有弄明白的。蓋伯倫次（中國文法，一八八一年，頁二八九）說：『「於iü」同「于iu」是一樣的。』他顯然把牠們當作一個字的兩種寫法。汝連(Julien)比較的謹愼一點的：『……「于 yu」和「於 yu」是同意的』（中國文法 Syntaxe nouvelle da la langue chinoise 一八六九年頁一四）。馬建忠在他的馬氏文通（一八九八）裏邊只討論『於』字，默認『于』字不過是寫法上的一別體。顧甫樂〔古文字典(Dictionnaire classique)一九〇四〕把牠們都寫作yu而對於『于』字不過作一個參看『於』字的記號。解爾斯(Giles)把牠們都作yü，說『于』和『於』同用。葛利期(Goodrich)把牠們都寫作 yü。愛台爾（Eitel）〔廣東方言字典(Chinese Dictionary in the Cantonese Dialect)一八七七〕和馬克來(Macley)和鮑爾温(Baldwin)〔福州方言字典(Alphabetic Dictionary in the Foochow Dialect)一八七〇〕，把兩個字都寫作 ü（上平聲）。

這些都是錯的。照理論上講『於』應該是yü（陰平）而『于』應該是 yu（陽平），因爲前者屬於『影』母，後者屬於『喩』母〔參看我的中國音韻學研究(Etudes sur la Phonologie chinoise)頁一一一、一一三〕。這個固然沒有多大重要，因爲現在牠們不過是從文學借入口語的字，並不是重要的介詞，所以發音不一致的。但是有一重要之點要我們注意的是牠們並不是同一個字，因爲牠們在古代不同音。第六世紀時『於』是 iwo（頭上有一個喉部的聲母的爆音字，如德文的 Ecke），頭上並沒有別種子音。『于』是Jiu（J等於英文裏的y），而且在古代如西曆紀元前，牠的頭上有一個舌根的聲紐（『牙音』），後來失掉了變成 (g)jiu（參看我的中文解析字典頁三七一及三七三）。而且在周代文學書裏，牠們並不總是同意義的，尤其是在左語裏邊。『於』同『于』都是介詞，表示一般的地位的，in, at, on（在）with, chez（在【某人】）auprès de（向）；還有表示方向的 into, to（到）。所以有許多引伸的抽象的意義。這裏我並不是想作一篇詳述這些介詞各種用法的論文。現在所討論的限於原始的具體的意義而抽象的例子如『何憂於無君？』左傳哀公五年『動於惡』，桓公二年『至于今』，散見各處的完全不管。

考察具體意義時，人們馬上覺到左傳內『於』同『于』並不是可以交換用的。在『於是』『於是乎』同『於此』等結構裏邊常常用『於』字（左傳內有一百八十四個例子）而從來不用『于』。解作『從』時，也是用『於』不用『于』，例如『免於難』桓公六年，別處規則沒有這樣嚴密，但是有幾種有趣味的傾向，很易看出：

（A）解作 auprès de 的時候——在法文內一定用 chez, auprès de, vis-à-vis de 等字——後邊有一個人名，或者是幾個相同的字，『於』是一個常用的介詞，例如『請於武公』隱公元年；『公問於衆仲』隱公四年；『有寵於王』，同上；『言於齊侯』，閔公元年；『晉君宣其明德於諸侯』，襄公二十六年。

（B）解作 at 和 to 時，後邊有個地名（這種地方法文用 à），規定用『于』，例如『敗宋師于黃』，隱公元年；『至于廩延』，同上；『遂田于貝丘』，莊公八年。

（C）解作法文 dans 和 in, into 時（in 房子裏，on 聖壇上，into 城裏等等），表示地位在甚麼地方，或者是動作到甚麼地方（沒有地名的參看B）『於』和『于』是混用的例如『見孔父之妻于路』，桓公元年『告于宗廟』，桓公二年『殺孟陽于牀』，莊公八年『入于衛師』，成公二年『授兵於大宮』，隱公十一年『淹久於敝邑』，僖公三十三年『趙旃夜至於楚軍』，宣公十二年。

如我上文所說這些規則並不是絕對的但是無論如何有幾種統計可以表示漸漸的要分界的趨勢。從這些統計上，我完全除外各種兩可的例子。譬如第一是許多地方後邊跟着一個國名的下列幾句顯然是模糊的：『請師于楚』：『爲質於衛』。作者在第一個例子內把國家當作一個地方，所以『于楚』就是『在楚國』。第二個例子內，『衛』是指一個政治團體，所以『於衛』就是『於衛侯或衛政府』。但是也可以寫作『請師於楚』（他向楚政府請師），也可寫作『爲質于衛』（他質于衛國）。這一種字句（yü＋國名）並不能證明甚麼所以都丟了不算。同樣那常見的格式如『宿于（於）趙氏』（他住在趙家，或者他和趙家同住）都是很含糊的，不必採牠。

除去了這些含糊的地方，只依明白的地方統計，替左傳得到下列一表：

甲（auprès de）		乙（à）		丙（dans）	
於	于	於	于	於	于
五八一	八五	九七	五〇一	一九七	一八二

這就是說解作 auprès de (chez, vis-à-vis) 時，後邊跟着一個私名，或者同類的東西，『於』比『于』多七倍；解作 à 時，後邊有個地名的，『于』比『於』多五倍，解作 dans, in 時（後邊沒有地名的），『於』與『于』相同在這一種意義上——只有在這一種——兩個字是完全同義而可以交換用的。

我們應該注意，在這一點上，同前邊（一）到（六）一樣。左傳全書是一律的。上邊所舉的數目字（581:85等等），並不是因爲有的部分只有『於』(auprès de) 而別的部分有許多『于』。這個比例7:1和5:1全書各部分都是一樣的。無論你選擇那一部分，你就可看得出解作 auprès de 時『於』一定比『于』多幾倍，而解作 à 時剛剛相反。這一個規則很少例外，只有兩處很小而有趣的地方。在文公十七年，不多幾行裏邊有四個『于』auprès de，兩個『於』à；在成公十三年，不多幾行內有五個『于』auprès de。這兩個例子都是在長篇說話裏，據我看來這兩段話恐怕是後來加入的。假如我們敢說這兩段是竄入的而從統計表內除去牠們，那麽就要大大的改動了：解作 auprès de 時五八一『於』，七六『于』（不是八十五了）。若然，這些數目很够表示『於』同『于』在這一點上的根本異點。

有一個問題很難解決的，就是少數的『于』auprès de（八五或七六）和『於』à（九七），是不是因爲在左語的時代裏『於』和『于』已經起頭有一點混亂了，或者本來不亂，乃是因爲書本傳授上的錯誤。只要兩字的聲音一天不同（於·i^{w}o 而于 gi̯u），學者口頭傳授的時候，一定可以保存一天左傳中原有的『於』『于』

的分別。但是當牠們的聲音變的漸漸的相近了。（·iwo 和 Jiu）同時傳授的人的對於語言的感覺上認牠們爲完全同義了，那就很有忽略書中原有的異點的引誘了。所以雖然證是難證，可是也說不定那些規則原來比我們統計表上還更嚴密；也是很可能的，因爲假定那些忠實的學者能夠純粹機械的保存他們當日已經不能了解的異點，就只保存到現在統計表裏那麼好，已經要算很希奇的事情了。

研究的人另外有一點困難的事情。假使我根據雷格同顧甫樂的本子來研究左傳，我一定不能發現『於』與『于』的根本異點。這兩個介詞在那些譯文裏常常譯錯，應該用『于』的地方常常用了『於』，應該用『於』的地方常常用了『于』。這些學者都是很認眞的，要是單單靠着相信『於』同『于』不過是寫法上的不同的一個理由，他們絕不敢就這樣隨便換寫的。雷格的譯文是根據欽定春秋傳說彙纂，而在這一種本子內『於』和『于』是很混亂的。這裏我並不討論爲甚麼那些編輯者不注意保存古本上的異點。我們只要說左傳裏關於『於』同『于』的分配，是非常一致的。阮元在他的春秋左氏傳校勘記裏（皇淸經解卷九四九至九九〇，也附在他的十三經注疏裏）很詳細的說明那一種本子有『於』，那一種本子有『于』。這種不同的地方，他所找到的是很少，所以事實上沒有甚麼關係。上海商務印書館最近出版的四部叢刊重影印了一部宋本，這是阮元所沒有看見的，但是關於『於』同『于』牠同十三經注疏的本子完全相同（我的統計是根據四部叢刊的本子）。略舉幾個例子：

昭公十三年：「次于魚陂」；

同上：「擠于溝壑」；

昭公十七年：「獻俘于文宮」；

昭公二十二年：「前城人敗魯軍于社」；

定公元年：「合諸侯之大夫于翟泉」；

定公五年：「卒于房」。

在這些例子裏邊，四部叢刊的本子同阮元所見的各種本子都是「于」（在第一個例子裏邊，有一種本子誤作「于」）而沒有用「於」的。但欽定的本子裏邊，（雷格本亦然），都完全用「於」。

還有陸德明（當六三五年）的經典釋文，很明白的表顯同樣的傳說：

襄公十六年：「烝于曲沃」；

襄公十七年：「惣于晉」；

襄公十八年：「還于門中」；

昭公四年：「使賓饋于个」。

在這些地方經典釋文（和阮元十三經注疏各種本子及四部叢刊）都用「于」，而欽定的本子裏（雷格亦然）都用「於」。

但是我們知道經典釋文傳下來是受過一次紊亂的（參看伯希和的書頁一五九），所以如今能夠得到唐和唐以前的左傳版本的直接證據是很有價值的。在羅振玉的鳴沙石室古籍叢殘——這是伯希和在敦煌所發現的文稿的影本——現共有四段很長的左傳殘簡。有一種是唐代稿本比十三經注疏多幾個「於」（而且剛剛是照我們的規則應該用「於」的地方！）還有一個唐代稿本和兩個六朝（唐以前）的稿本，對於「於」同「于」的分配和十三經注疏完全一樣，如上文統計表所說的。所以在這一點上傳說是很堅固的，我們不必爲了欽定的和雷格顧甫樂的本子的不同而煩惱。

這可以定一個規則，說左語裏邊「於是乎」與解作 from 的都用「於」，解作 auprès de 的也用「於」，解作 à 的用「于」，解作 dans 的「於」與「于」隨便用。這裏魯語又是完全不同的，這幾種意義的普通用的介詞（離了上文所講的「乎」字），在論語和孟子內都是「於」。「于」偶然散見一點，同「於」沒有根本上區別，可以看出事實上用「于」的地方非常少，差不多可以說魯語裏邊沒有這介詞的。在論語內的見於卷二、卷十四、卷十六兩次；在孟子內見於卷一上（和「於」不同）、卷二上、卷三上、卷三下、卷五下、卷七下兩次，還有卷五上也有幾個例子，不過那個地方顯然從書經一類古書上引來的。

因爲「於」是個常用的字，所以解作 à 的左傳常用「于」，而我們常常看見「於」：「子畏於匡」，論語卷九及卷十一；「子路宿於石門」，論語卷十四；「處於平陸」，孟子卷六下；「舜生於諸馮，遷於負夏，卒於鳴條」，孟子卷四下。

把主要的趨勢總結起來：

	auprès de	à	dans
左語	於	于	於，于
魯語	於	於	於

上文第一到第七段內所研究的文法現象，是最重要的。分開來講牠們好像是沒有甚麼力量，但是並不是這樣。這裏的問題並不是一二處所用的文句，而是全書常見的字。他們對着校勘學比任何東西都好，因為在校勘拉丁文和希臘文時，他們常常根據更脆弱的材料。若總括觀之，牠們是形成絕對無疑的材料。這一種許多語言學上的形式的集合體，可以給我們一個明白而詳細的文法的面貌，一方面是左傳的，一方面是魯語的。這兩種方言是非常不同的。我們現在很可以定下列的結論：

（一）左傳不是孔子作的。

（二）左傳不是孔子弟子作的，也不是像司馬遷所說「魯君子」作的，因為這是用一種與魯語完全不同的方言寫的。

（三）左傳或者一個人作的，或者是——假如沙畹的話是對的——幾個人作的而屬於一派及一個地方的，因爲牠的文法是全書一致的所以假使他——或者他們——採用各國的春秋作材料，那麼他——或者他們——並不是很簡單的把牠們拼湊起來，實在是用他們自己的語言從新寫的。

要使我們的研究更進一步，並且要討論左傳的性質，我們將要根據上述的文法來考察別的古書。

書經

在討論這部書的時候，我們應該注意另一種文法規則，上邊沒有說到，因爲在左語和魯語裏邊是沒有分別的。這個就是第一位人稱代名詞。在左語同魯語裏邊是：『我』同『予』（此字較少當作親密和客氣的格式）甚麼狀態都通用（我，我的，我們，我們的）；還有『吾』是限於主格同領格的（我，我的，我們，我們的），從來不用作賓格（直接的或間接的，或在介詞後邊的）。我在一九二〇年的亞細亞雜志(Journal Asiatique)內定這一條規定（參看高本漢『論原始的中國文』(Proto-chinois——langue flexionnelle)），那裏邊我只硏究論語、孟子、左傳。我說明論語在主格和領格很偏重『吾』，而『我』是很少的，只限於賓格；在孟子同左傳裏邊，『我』常常侵犯到原來屬於『吾』的範圍內，所以『我』字在各種狀態內都有；所以較晚的魯語（孟子）及左語在這一點上異於較早的魯語（論語）。但是『吾』不許超出主格同領格以外，牠們是相同的。我並且應該說後一條規則不僅僅從這部書內得來的，周秦同漢初有『吾』的書內都如此。

書經內有時代不同和來源不同的文件。最古的相傳可追溯到紀元前二千年以上，最遲的屬於前七世紀——是古代三個大朝代夏商（殷）周的文件。在這樣不同的集合裏邊，應該有文法上的大異點。但是沒有，並且文法是非常一類的。這顯然是在周朝國都的藏書處——那個地方保存各種文件——潤飾的時候改成一律（這不能算孔子删書時修改的，因爲照我們下文看來，牠的方言是不同的）。我們知道：

（一）在「假使」和「像」的意義，都是用「若」；「如」（解作「好像」）只用在少數特別的地方，後邊另外討論——同左語和魯語完全不同的。

（二）「則」是常用的，「斯」只用在少數地方，（參看下文）——和左語一樣，和魯語不同。

（三）「此」和「茲」是常用的，「斯」只用了兩處。（一處在眞的地方，一處在僞的地方）——和左語一樣，和魯語不同。

（四）「乎」用作介詞是沒有的，在臯陶謨內有三處（但是牠們可以當作疑問字）——和左語一樣，和魯語不同。

（五）「與」當作疑問字是沒有的——和左語一樣，和魯語不同。

（六）「與」解作「和」字是常用的，「及」是用在少數例外的地方（參看下文）——和左語一樣，和魯語不同。

（七）『于』是絕對通用的介詞，『於』只用在少數地方而且和『于』作用一樣，（參看下文）——同左語和魯語完全不同。

（八）『予』和『我』在各種句法內都有（主格、領格、賓格），『吾』只用了兩次（參看下文）——和左語及魯語都不同。

周代藏書處的文件所寫的方言，很明白的表顯一種助詞的系統，一種文法的形式，同左語和魯語是完全不同的。雖然改的很可驚訝的一律，但還可以看得出文件的許多破綻，表示未修改前有許多文法上的不同（因爲文件屬於各時代各地方的）；假使我們注意到書經包含兩部分，一是眞的，一是僞的（大約作於第三世紀，參看伯希和的書頁一二八），這些現象的研究定能增高趣味。假使我們照着沙畹的指示（史記譯本第一册頁一一三，是根據宋以來中國批評家的），作一個表，把眞的放在前邊，僞的放在後邊，便是這樣：

眞的：（1）堯典；（2）舜典；（3）皐陶謨；（4）益稷；（5）禹貢；（6）甘誓；（7）湯誓；（8）盤庚；（9）高宗肜日；（10）西伯戡黎；（11）微子；（12）牧誓；（13）洪範；（14）金縢；（15）大誥；（16）康誥；（17）酒誥；（18）梓材；（19）召誥；（20）洛誥；（21）多士；（22）無逸；（23）君奭；（24）多方；（25）立政；（26）顧命；（27）康王之誥，（28）呂刑；（29）文侯之命；（30）費誓；（31）秦誓；（32）泰誓。

僞的：（33）大禹謨；（34）五子之歌；（35）胤征；（36）仲虺之誥；（37）湯誥；（38）伊訓；（39）太甲；（40）

咸有一德；（41）說命；（42）武成；（43）旅獒；（44）微子之命；（45）蔡仲之命；（46）周官；（47）君陳；（48）畢命；（49）君牙；（50）冏命。

假使我們作一個助詞普通用法的例外的表，就是所有『若』，『斯（＝則）』、『及』、『於』、『吾』的表，我們得到一個很有趣的結果：

（1）堯典：『如』一；
（2）舜典：『如』五；
（3）皐陶謨：『如』一；
（4）益稷：『如』一；
（5）禹貢：『及』三；
（7）湯誓：『如』一，『及』一；
（8）盤庚：『如』一，『及』一；
（9）高宗肜日：『如』一；
（10）西伯戡黎：『如』一；
（11）微子：『吾』一；

（12）牧誓：「如」四，「及」一；

（13）洪範：「斯（＝則）」二；

（14）金縢：「於」三，「斯（＝則）」二，「及」二；

（17）酒誥：「於」二；

（20）洛誥：「如」二，「及」二；

（22）無逸：「及」四；

（26）顧命：「於」一；

（31）秦誓：「如」四，「斯（＝則）」一，

（32）泰誓：「如」一，「吾」一；

（47）君陳：「於」一。

總括起來：

	眞的（一至三二）	僞的（三三至五〇）
如	二三	無
及	一四	無

吾	二	無
斯（＝則）	五	無
於	九	一

換言之，文法上的不同只見於眞的篇內。這個解釋只能有一種：周代史蹟的編輯者，一定把各種本子依照某種古代方言的文法來改的；但是他們也不是絕對的嚴密，所以有許多異於這種組織的地方可以參入——如上文所說的『如』、『及』、『吾』、『斯』、『於』。但是三世紀的作僞者，因爲想逼眞書經文體，逼眞眞的篇內的正則的文法的結構，那曉得做過火了。他大大的用『若』、『與』、『予』和『我』、『則』、『于』，所以露出自己破綻來了。所以這文法上的分析，在聰明的中國校勘家所早已得到的書經裏某篇僞造的結論上，更加一個證據。

詩經

詩經和書經同在文法上經八改動。牠有三百零五篇詩歌，來源極不相同——一部分是從各諸侯國採來的民歌——而文法上用字是根據同一的組織的。但是正如我們所希望，不同的地方在國風（就是民歌，約占全數三分之一）裏邊更多，而在小雅大雅和頌裏邊更少。

詩經的文法，不但和左語魯語不同，並且和書經的語言不同。

（一）『若』與『如』（沒有解作『假使』的例子）解作『好像』時，常用『如』字；全書內只有五處用『若』（『沃若』雷格本卷五頁九九二五〇、三八五『若揚』頁一六一『若此』頁三二六；在頁三八〇、五四二、六二八、六二九的四個『是若』和『邦國若否』裏的『若』，是解作『順』）。在這一點上詩經和左傳一樣，但是和魯語及書經不同。

（二）『斯』＝『則』：全書通用——和魯語一樣，和左語及書經不同。

（三）『斯』＝『此』：全書通用——和魯語一樣，和左語及書經不同。

（四）『乎』用作介詞是很有趣的事實上只見於國風（民歌），這裏顯然那個編者允許文法上的自由，沒有修改。國風裏有二十二個『乎』用作介詞的，分配在七篇歌內，其中六篇是沒有『於』與『于』在『乎』旁邊的；只有一篇內兩處用作後置詞（在『於我乎』內）。小雅內有一個『乎』字，大雅和頌內是沒有的。所以在這一點上，國風和魯語一樣，小雅大雅及頌和左語及書經一樣。

（五）『與』當用作句末疑問詞是沒有的——和左語及書經一樣，和魯語不同。

（六）『及』解作『和』是全書通用的——和左語一樣，和魯語及書經不同。

（七）『于』是常用的。有幾處還用『於』（沒有特別的意義，和『于』完全一樣），這裏又是國風不及別處嚴格修改。一共有十八個『於』，其中十二個在國風內（在六國的六篇內），兩個在小雅內（在一篇內），三個在大雅內（在兩篇內），一個在頌內。在這一點上，詩經和書經一樣，和左語及魯語不同。

（八）『吾』是沒有的。『我』絕對通用，『予』字較少。全詩經內有八十九個『予』，又是國風呈比較的沒有改動的狀況。國風共有三十九個『予』，小雅大雅和頌共有五十個。這些都是平均分配在二十篇內（其中有七十個是同時用『我』的），國風的三十九個『予』字卻只限於十四篇，其中只有四個同時用『我』。

詩經和書經同爲周室所集的，而詩經內的方言和書經完全不同。好像是很奇怪的，一個可能而不敢決定的解釋是這樣：書經大部分的可保貴的文件，屬於夏商（殷）兩朝的——有幾篇是更早一點——牠們也許是周代史件的範型。換言之，書經的一部分是用夏商的方言來寫定的，一部分是改成夏商的方言的，而並不是周室的方言。詩經剛剛相反，除了五篇說是更早一點，其餘都是周代的，而小雅大雅和頌也許是成周王畿的方言，若國風雖是大部分照着這個模型來改的，還保留着許多不同的方言的痕跡。

禮記和大戴禮

以上我只討論全體一律的書，有一律的文法的，或者是因爲一個人作的（或者是方言相同的幾個人作的）或者像詩經和書經因爲在編輯的時候改過的。禮記一類的書的情形可是不同了。這裏我們有許多文件很晚，到漢代方搜集起來，但是並沒有經過改動。所以這部書內的文法是很不一致的。有幾篇是非常的單調而且簡單，所以得不到甚麼文法上的結論。別篇卻可加以有趣味的觀察。沒有一篇是和左語的各方面完全一樣的。譬如在曲禮內，『若』解作『假使』，『如』解作『像』，而沒有『斯（＝則）』『斯＝此）』與『乎』用作介詞的（和左傳一樣，和魯語不同）卻很規則的用『於』至於『于』則偶然有之（和魯語一樣，和左語不同）。但是魯語仍是很豐富的表顯出來，所以除了論語和孟子我們在這裏得到這種方言的很多而很重要的文件。曾子問雖然說是記載孔子和曾子的討論的，可是並不是用魯語寫的，而篇幅很多而很有趣的檀弓卻是很好的魯語的例子：在這篇內我們查出（一）『若』和『如』解作『像』，（二）『斯』解作『則』，（三）『斯』解作『此』，（四）『乎』用作介詞，（五）句末用『與』，（六）沒有『及』，（七）常用的『於』與偶見的『于』，（八）『吾』和『我』並用這都和論語、孟子一樣。魯語還可以在孔子閒居、坊記、中庸（後一篇最能代表）裏邊找到。並且還有這部書的別的部分，例如禮運和哀公問。（原註一〇）

（原註一〇）有趣的文法分析還可同樣用於別的認爲一個人所著的書內，例如淮南子（當前一二二），此書內各篇顯然不是一人作的。假使你看卷一——五，你便見『於』和『于』分配得和左傳、國語（參看下文）裏的規則一樣，並且沒有用作介詞的『乎』。但是如卷十一——十一，『於』是絕對用的，只有極少的『于』，同時又有許多用作介詞的『乎』。但這幾卷內『斯（＝則）』，『斯（＝此）』與『與』全沒有，而『若』和『如』全解作『像』，『吾』與『我』全有，所以他們不能說卷一——五的文法與國語同，卷十一——十一與『前三世紀文字』（參看下文）同。顯然淮南子不過把古代作家的論文收集在他的著作內。

大戴禮是一部來源不同的書，大部分是孔子和他的問難者的討論，但是『斯（＝則）』與『斯（＝此）』

是完全沒有的——這是孔門文字的顯然的形式——使我們不能相信牠們是魯語的文件。（原註一一）

（原註一一）牠們反使人覺得極像前三世紀的文字，參看下文。

我們再研究幾部文法一律的書。

莊子

莊子——我完全不討論卷二十八到三十一，因爲這是公認爲僞的——有牠自己的文法。

（一）解作『像』時，他兼用『若』和『如』。

（二）『斯』解作『則』是沒有的（在這一部大書內我只找到兩處）。

（三）『斯』解作『此』也沒有（只有兩個例外）。

（四）『乎』用作介詞是很普通的。

（五）『與』用作疑問詞是有的，但是並不多。

（六）『及』解作『和』是沒有的。

（七）『於』是常用的（關於『乎』字參看上文（四）），『于』是很少見的（這部大書內我搜到十五處），和『於』在用法上沒有分別。

（八）『吾』（主格和領格），『我』，『予』都有。

所以在（一）（四）（五）（六）（七）各點上。莊子和魯語一樣，和左語不同在（二）（三）兩點上，牠和左語一樣和魯語不同。關於第（八）點牠和魯語左語一樣，而和書經、詩經不同。

莊子還給我們一個好機會來增加一條文法上的規則：

（九）『邪（耶）』用作後置詞大多是疑問的在這一種方言內很普通例如『非夫子之友邪？』莊子卷二。

在上邊所研究各部書內這一點是完全沒有的。

國語

最後我們研究的和左傳很相近的只有一點不同——這個可是很重要一點。

（一）解作『像』時，『如』與『若』並用（『如此』與『若此』等等），後者和前者是一樣的通行——和魯語一樣，和左語不同，左語只用『如』字。

（二）到（五）『斯（＝則）斯（＝此）』，『乎』用作介詞，『與』用作疑問字，都沒有——和左語一樣，和魯語不同。

（六）『及』解作『和』是常見的——和左語一樣，和魯語不同。

（七）『於』和『于』都通行，而且用法上的不同和左語完全一樣（『於』解作 auprès de，『于』解作à，「於」和「于」解作dans），而且這一條主要規則的例外的百分率也是一樣——和左語一樣，和魯語不同。

至於第（八）：「吾」（主格和領格），「我」與「予」都有。還有第（九）：沒有「邪」，和左語與魯語一樣。

我們最好把上文所得到的結論，總括成一個表。在這表內只注意重要的趨勢而不管偶然的地方，例如常用「若」之外，書經內偶然用「如」；常用「於」之外，魯語內偶然用「于」：

（一）「若」，「如」(好像)	（甲）「若」	（乙）「若」和「如」	（丙）「如」
（二）「斯」＝「則」	（甲）有	（乙）無	
（三）「斯」＝「此」	（甲）有	（乙）無	
（四）「乎」（介詞）	（甲）有	（乙）無	
（五）「與」（句尾）	（甲）有	（乙）無	
（六）「及」（「和」）	（甲）有	（乙）無	
（七）「於」，「于」	（甲）「於」	（乙）「于」	（丙）「於」(auprès de)「于」(à)「於」和「于」(dans)
（八）「吾」，「予」，「我」	（甲）「吾」（主格和領格）與「我」，較少的「予」	（乙）「予」和「我」並用	（丙）「我」，較少的「予」
（九）「邪（耶）」	（甲）有	（乙）無	

	書經	詩經	魯語	莊子	國語	左傳
一	甲	丙	乙	乙	乙	丙
二	乙	甲	甲	乙	乙	乙
三	乙	甲	甲	乙	乙	乙
四	乙	乙（原註一二）	甲	甲	乙	乙
五	乙	乙	甲	甲	乙	乙
六	乙	甲	乙	乙	甲	甲
七	乙	乙（原註一三）	甲	甲	丙	丙
八	乙	丙	甲	甲	甲	甲
九	乙	乙	乙	甲	乙	乙

（原註一二）國風是甲。

（原註一三）國風是甲兼乙。

這是很容易看得出的：第一、書經、詩經、魯語、左傳和莊子都是很不同的方言的代表，裏邊助詞是很不相同的；第二、國語的文法和左傳是很相近的。固然牠們中間在一個很重要一點是不同的——解作『像』時，左傳用『如』

而國語用『若』和『如』——所以這兩書不能是一個人作的（這是無須討論的，假使注意到這兩部書的內容；牠們互相不同）。（原註一四）但是就大體看來，兩部書的文法組織很是相同，所以牠們可以說是同一方言的人作的，也許是屬於同一派。

（原註一四）要說一個作家在一部鉅著如左傳裏邊只用『如』，而在另一鉅著裏同樣的常用『若』，那是不可思議的。

我只選了幾種頂重要的中國古書的例子。假使詳細敍述漢以前的助詞的組織，那是超出這篇文章的範圍以外了。但是我至少可以說這句話：在周秦和漢初書內，沒有一種有和左傳完全相同的文法組織的。最接近的是國語，此外便沒有第二部書在文法上和左傳這麼相近的了。

如上文所說，這些事實可以決定左傳的眞僞問題。牠的文字和別書是完全不同，所以絕不是前二世紀作僞者的方言，因爲這種人絕不敢用他自己的特別的方言，恐怕馬上要被查出來。他一定要嘗試模倣某種大家尊敬的古書的文體（恰如書經的作僞者），或者是模倣書經或者孔門的談話，或者別的周代文件。他一定不是依賴國語的（如康有爲猜劉歆作僞時借助於此書），因爲這樣他一定不能嚴密的規定解作『像』時只用『如』，和國語兼用『若』和『如』相反抗。而且第二世紀的作僞者，當『於』和『于』在文法上完全混亂的時候，一定不能夠懂得國語裏邊『於』解作 auprès de 和『于』解作 à 的分別，而能在像左傳這麼一個鉅著內自始至終嚴守牠。所以左傳助詞的特殊組織，是牠的眞僞問題的最後且最好的證據。

既然決定左傳是焚書以前的眞文件，語言和國語很相近，和魯國的孔門完全不相干，我們的結果應該滿意的了。但是我想還可以使我們的研究再進一步，同前三四紀的書籍比較以下，必有所得。

第一莊子，上文已講過的。莊周說是生於前三世紀到四世紀（解爾斯人名字典(Biographical Dictionary)第五〇九號和雷格『東方聖典』S. B. E. 卷三九頁三六）或者大約卒於紀元前三二〇年（儒極 Wieger 的 La Chine à travers les âges 頁四二八）。在各方面看來，莊子這部書一定是前三世紀或以後的書，絕不會更早。（原註一五）

（原註一五）書中有幾段是後代竄入的，但這種可能性常被人張皇其辭，參看下註。

此外還有呂氏春秋、戰國策、荀子和韓非子。這幾部前三世紀的書，文法上很一致的，固然也有一點不同的地方——這是很自然的，這些不同的地方是因爲各個作家的緣故——但是相同的地方也很明顯的。

（一）解作『像』時，（『如此』與『若此』等等）這幾部書內『若』和『如』都是通行的。

（二）（三）（六）『斯』（＝則）』，『斯（＝此）』，『及』解作『和』，這幾部書都沒有。

（四）『乎』（介詞）這幾部書都有的，不過程度有不同。莊子和呂氏春秋內是很通行的，在別的書內少一點。

（五）『與』用在句尾，在莊子是很少的，在呂氏春秋、戰國策和荀子內也是很少的，韓非子內是沒有的。雖然不能說是這幾部書裏沒有這個字也只算牠是一種邊界上的小部分罷了。

（七）在這幾部書內『於』是絕對的通用，『于』（用法上沒有不同的）是很少見的，只有呂氏春秋比別的書多一點。

（八）『吾』（主格和領格）、『我』、『予』和魯語左語一樣。

（九）句尾的『邪』牠們都有的，莊子內常見，別的書內少一點。（原註一六）

（原註一六）這裏敍的事實我以爲可助證這些書是眞的。自然牠們裏邊也許有些竄入的，但未必很多。每一種文件的文法大都一致，可表示牠們不是把來源不同的東西雜湊的，實在是各個作家的著作。所以我沒有胡適教授那麼悲觀，他在他的中國哲學史大綱（頁十三）裏表示他的意見說：『墨子荀子兩部書裏很多後人雜湊僞造的文字。莊子一書大概十分之八九是假的。韓非子也只有十分之一二可靠。』

所以這些前三世紀的書有一種文字和魯語很不同，和左語更不同。和魯語不同者，沒有『斯（＝則）』和『斯（＝此）』，這是魯語很明顯的形式。和左語不同者，牠有『若』，也有『如』，解作『像』；還有介詞『乎』和句尾的『與』（這個少一點），而沒有介詞『及』，也沒有『於』解作 auprès de 和『于』解作 à 的特殊區別。最後，牠有句尾的『邪』，雖然多少不同，但是不但爲左語和魯語所無，而且書經和詩經也沒有。

這些事實使我們可以用一個『前三世紀的標準文言』的名詞。我們要知道韓非子在文體上受他的老師荀子的影響，至少莊子和荀子決不相干的，而且我們也沒有理由猜想呂氏春秋和戰國策的作者會受了荀子們的甚麽影響。

這種現象實在很自然的，而且和別國的情形也相同。在文學的幼年，作者很少，他們一定要創造自己的前無古人的文件，所以就有不同的方言。當文學進步了，著作變成普遍的事業，便有多少相同的文字的標準出現，這一點在前三世紀便達到了。（原註一七）但是這自然而很有希望的文學進化，被焚書所破壞了。在這件事情以後，情形完全變了。保存下來的古代的文學，尤其是孔門的經典，得到殉道者的尊號，變成大尊敬的對像。這個結果便是，各種文件的文字都被後來的作者所模倣，所以發生一種可怕的文法上的混亂。從這部書上採用『於』，從那部書上採用『于』，從這部書上採用『斯』，從那部書上採用『及』，還有『乎』、『與』、『邪』等等，所以古書上各種不同的文法的助詞，都亂用了。漢以後的中國文學的大混合現象（文法上和用字上），便是從焚書和古書的神聖上來的。

（原註一七）事實上還有一部書——墨子——有相同的文法，時代卻更早。墨子生於前五世紀，他的著作大部認爲弟子所記。但也沒有確實的證據來定牠何時編定——也許遲至前三世紀？

我們現在知道上文所說有助詞組織的文字，在前三世紀是很普遍的（在各個作家都可以找出），所以我們可以稱牠爲『前三世紀文學的漢文』。在評判左傳（和國語）的性質時，牠的文字和前三世紀的文字完全不同（參看上文）是件很明顯的事實。這個天然使我們猜牠代表更早的時期。但這個結論並非絕對的，因爲彷佛孟子在前三世紀寫他自己的方言（其實還是他的老師孔子的方言），同樣左傳和國語也許是前三世紀一個學派的產品，還是寫他自己的方言而不受這世紀的許多書所表現的標準語的影響。但是同那個簡單的解釋——說牠們屬於更早的時代——比較起來，那麼自然是個太繞遠的解釋了。

我們研究所得主要的結果，可以總括如下：

左傳有一律的文法，和國語很近，但不全同（和別的中國古書卻完全不同）。這種文法絕不是一個後來的偽造者所能想像或實行的，所以這一定是部眞的書，是一個人所作的，或者是屬於一派和一個方言的幾個人作的。牠同魯國學派沒有關係（至少沒有直接關係），因爲牠的文法和孔子及弟子及孟子完全不同。此書是在四六八年以後（書中所述最遲的一年），而無論如何總在二一三年前，多份還是四六八年到三〇〇年中間。

附錄一

左傳眞僞考的提要與批評

胡適

一　著者高本漢先生

這本左傳考是歐洲的『支那學』大家高本漢先生（Bernhard Karlgren）做的。高先生是瑞典人，在中國頗久，回歐洲後仍繼續研究『支那學』。在西洋的『支那學者』之中，除了法國的伯希和先生（Paul Pelliot），他要算是第一人了。他的專門研究是中國言語學，包括音韻與文法的方面。他在音韻上的研究最有成績，著有Etudes sur la Phonologie chinoise（中國音韻學研究）及近年編成的傑作Analytic Dictionary of Chinese（中文解析字典）。中國向來研究古今聲韻沿革的學者，自陳第、顧炎武以至章炳麟，都只在故紙堆裏尋線索，故勞力多而成功少；所分韻部只能言其有分別，而不能說明其分別是什麼樣子；至於聲母更少精密的成績了。高先生研究中國古音，充分地參考各地的方言，從吳語、閩語、粵語以至于日本、安南所保存的中國古音，故他的中文解析字典詳列每一字的古今音讀，可算是上集三百年古音研究之大成，而下開後來無窮學者的新門徑。

他在中國文法沿革的研究上也曾有很好的成績。我見着的只有他在一九二〇年發表的『論原始的中國文』(Proto-chinois——langue flexionnelle) 一篇與此書的下半那篇論原始的中國文是說中國古文是有文法上的變化的，如『吾』『我』之別，『爾』『汝』之別，『其』『之』之別都是可以證實的。他當時並沒有看見我早年發表的爾汝篇與吾我篇，但他用的方法與材料都和我大致相同，故結論也和我相同；不過我作那兩篇文字時是在海外留學時代，只用了一些記憶最熟的論語、孟子、檀弓（高先生所謂『魯語』的書）下的結論，也只是概括的結論。高先生卻用了統計法，並且把各條例外都加上心理學上的說明，大可以補我的不逮。

我在爾汝篇之末曾表示文法的研究可以用來做考證古書的工具。但十幾年來，人事匆匆，我竟不曾有機會試用這種工具來考證古書。今讀高先生這部書，見他的下篇完全是用文法學的研究來考訂左傳，他這種開山的工作使我敬畏，又使我慚愧了。

二　作序的因緣

承著者高先生的好意，把他這本小册子寄給我。我在太平洋舟中讀完之後，曾費了半日之功，把書中大意節譯出來，做了幾十頁的提要，寄到廈門大學給顧頡剛先生看，請他看了之後轉給錢玄同先生看，並請他們兩位都做一篇跋，與我的節譯本同時發表。

不幸我的提要寄到廈門時，頡剛已不在那邊了；後來他從廣東來上海，至今還不曾見着我的原信。恰好陸侃如先生從北京來，帶着他譯此書的全稿來給我看。那時我的一本原書又不在身邊，故我只能匆匆看過，不能細細替他校對。現在此書已排好了，頡剛的序還沒有做，玄同又遠在北方，新月書店同人要我做一篇序。我對于左傳的問題沒有特別的研究，本不配說什麼，但為讀者的便利起見，我很願意做一篇提要式的序文。

三　什麼叫做『左傳的眞偽』

高先生此書分上下兩篇。上篇專論左傳的眞偽。下篇從文法的分析上研究左傳的性質。

先述上篇。高先生先問，什麼叫做左傳的眞偽問題？中國學者如劉逢祿、康有為等人說左傳是偽造的，不過是說劉歆把國語的一部分與春秋有關的，改作春秋左氏傳；或是說當日原有一部左氏春秋，劉歆取出一部分做了春秋左氏傳，剩下的部分做了國語。依此說法，春秋本無左氏傳，故今之左氏傳是『偽托』的。但左傳的來源叫他做左氏春秋也罷，國語也罷，卻是眞的古代史料。疑古最力的錢玄同先生雖說：

劉歆把國語底一部分改成春秋的傳，意在抵制公羊傳。

但他同時又說他

對于今之左傳，認為它裏面所記事實遠較公羊傳為可信，因為它是晚周人做的歷史，而公羊傳則是『口說流行」，至漢時始著竹帛者（古史辨頁二八〇）。

這就是說左傳是一部『僞』的春秋傳而卻是一部「眞」的晚周人做的歷史。

高先生作此書，大致也持這個態度他說：

假使能證明此書在焚書（前二一三）前存在，也不能因此證明從孔門產出反過來說假使能說牠與魯國無關係，這也不是說此書是僞造的。只有能證明此書是漢人所作來冒充焚書前的文件然後可說牠是僞的。

他又說：

如果牠眞是在紀元前二一三年以前寫定的，假使牠是紀元前七二二到四六八年中的事實的眞記載，是作者尙可自由參考各種文件的時候所寫定的，——那麼此書便是眞的了。

高先生的話，與錢玄同先生的主張正相同。但錢先生先就承認左傳是「晚周人做的歷史」，而高先生卻先要證明此書是否『晚周人做的歷史』，是否焚書以前的眞記載。

四　論左傳原書是焚書以前之作

高先生自己似不曾讀過劉逢祿、康有爲諸人的書，只引據德國弗朗克（Otto Franke）的轉述，至于近人的著述如崔適的史記探原、春秋復始等書，便連弗朗克先生也不曾見了。弗朗克的結論是：

向來傳爲左傳一書，並非春秋的傳注，乃是一部完全獨立的著作，大約是晚周傳下的各種春秋之一；一直到了紀元前一世紀的末年劉歆竄亂之後，纔同春秋連了起來，變成春秋傳。

此意與上文引的錢玄同先生的話完全相同。但高先生總嫌『康有爲是個政客，並且是個宣傳家』，並且疑心『他的考證方法不是科學的論證，而有點新聞紙的味兒』。所以高先生有點想替劉歆打抱不平。他提議要研究三項的佐證：

（1）研究劉歆在祕府發現左傳的記載。

（2）評判後漢前期關于劉歆以前左傳存在與否的別種佐證。

（3）評判百年前司馬遷關于左氏春秋及其作者的記載。

關于（1）項，高先生實在未免太信任漢書劉歆傳了。他因此相信左傳在劉歆之前已有『牠的門徒，其中最著名的一個就是翟方進』。翟方進的自殺在紀元前七年，在劉向死之前一年。他與劉歆尹咸都是同時的人，也許都是同謀改造左傳的人。故無論翟方進傳說他『好左氏傳』一句是否可信，方進之治左傳並不足證明左傳之早出而早有傳人。

關于（2）點，高先生也有同樣的錯誤。他所引的人——班固、王充、許愼——都是後一世紀的人；他們的話只可以表示紀元後第一世紀有某種傳說而已，並不足證明劉歆以前左傳的存在與傳授，更不足證明『劉歆以前左傳已很著名並且自成一派的研究』。

劉歆移讓太常博士書並不敢說左傳是壁中書，而後一世紀的王充卻敢說『春秋左氏傳蓋出孔子壁中』了。劉歆原書並不敢說西漢早年有人傳左傳，而後一世紀晚年的許愼在說文序裏卻敢說『北平侯張蒼獻春秋左氏傳』了。西曆一〇〇年頃的許愼捏造左傳的傳授還不過到張蒼爲止，而七世紀的陸德明孔穎達卻敢捏造劉向別錄敍述左丘明傳曾申以下十餘世的詳細傳授表了！這都是世愈後則說愈詳，如滾雪球越滾越大。這不可以使我們懷疑反省嗎？

故對于這（1）（2）兩項，我們不能不說高先生的評判是頗有錯誤的。

但關于（3）項——司馬遷的記載——高先生的見解卻是很可佩服的。史記十二諸侯年表說『魯君子左丘明』的一段，今文家多很懷疑，弗朗克也很懷疑，但高先生卻認爲確是史記的原文。我以爲高先生的主張是不錯的。這一段文字向來只引關于左氏春秋的一小部分，高先生也不曾全引。我試引其相連的各部分如下：

孔子……論史記舊聞，興于魯而次春秋。……約其辭文，去其煩重，以制義法。王道備，人事浹。七十子之徒口受其傳指，爲有所刺譏褒諱挹損之文辭不可以書見也。

魯君子左丘明懼弟子人人異端，各安其意，失其眞，故因孔子史記具論其語，成左氏春秋。

鐸椒爲楚威王傅，爲王不能盡觀春秋，采取成敗卒四十章，爲鐸氏微。趙孝成王時其相虞卿上采春秋，下觀近世，亦著八篇，爲虞氏春秋。呂不韋者，秦莊襄王相，亦上觀尚古，删拾春秋，集六國時事，……爲呂氏春秋。及如荀卿、孟子、公孫固、韓非之徒各往往捃摭春秋之文以著書，不可勝紀。漢相張蒼曆譜五德，上大夫董仲舒推春秋義，頗著文焉。

看這一段，我們可以知道司馬遷只認左氏春秋爲許多春秋的一種，並不曾說它是一部春秋左氏傳。至於司馬遷說此書的作者是『魯君子左丘明』，這大概是一種傳說，或是一種猜想。這種猜想是錯的，說作者是『魯君子』更是錯的，這一層高先生在本書下篇另有專論。

高先生在上篇，要證明左傳的原本（左氏春秋）比史記早。他的方法是考察史記裏所有的左傳的文句。司馬遷用尙書，常把古奧難懂的文句翻譯成淺近的文句；他引用左傳，也是這樣。高先生引了幾十條例，如左傳昭二十七年『我爾身』，史記作『我身子之身也』；如哀七年『求之曹，無之，戒其子曰』，史記改爲『求之曹，無此人，夢者戒其子曰』，——都可見『司馬遷改動左傳；左傳是原本，史記是副本』。

故高先生的結論是：『司馬遷看見一部鉅製的史書（他叫牠做左氏春秋），便從牠引用了許多材料』。『所以我們可以說至少在前一〇〇年的時候，左傳已經存在了。』

司馬談與司馬遷去藏書解禁之時（一九〇）不遠；若此書是焚書以後的僞作，司馬遷父子不會容易受欺。高先生因此深信司馬遷所見的左傳是作于焚書以前的。

故此書上篇的結論只是左傳的原本（大概有別的名稱，並且沒有割成繫年的形式）是焚書以前存在的。

五　從文法上證明左傳不是魯國人做的

現在要說此書的下篇了。下篇又分三個部分：第一部分從文法上證明左傳不是魯國人做的。第二部分用書經、詩經、莊子、國語等書來比較左傳的文法，證明左傳有特殊的文法組織，不是作僞者所能虛構的。第三部分又用左傳的文法來比較「前三世紀的標準文言」，證明左傳是前四五世紀的作品。

先說第一部分，這是高先生最得意的一部分，這是用文法的研究來考證古書的初次嘗試，他的成功與失敗都應該引起我們的注意。

司馬遷說左氏春秋是魯君子左丘明做的。高先生要試證此說是否可信，所以從文法上着手，把左傳的語言假定作「左語」，又把論語、孟子的語言假定作「魯語」，再看左語是否魯國的語言。

他選了七種「助詞」作爲比較的標準：

（1）「若」與「如」。

高先生統計的結果是：

（甲）作『假使』解時，左傳全用『若』，而魯語全用『如』。

（乙）作『像』解時，左傳全用『如』，而魯語則『如』與『若』並用。

（2）『斯』字作『則』字解。

高先生說，『斯』字這種用法，如『觀過斯知仁矣』，在魯語裏很常見，而在左語裏是沒有的。

（3）『斯』字作『此』字解。

高先生說，『斯』字作『此』字解在魯語中是很常見的，而在左傳中是沒有的。

（4）『乎』字作『於』字解。

他說魯語裏『乎』字常常用作『於』字，而在左傳裏卻是絕無而僅有的。

（5）『與』字作疑問語尾。

他說魯語常用『與』（歟）字作疑問話的語尾，而左傳裏竟全沒有這個用法。

（6）『及』與『與』。

他又說，兩個並列的名詞之間，魯語內只用『與』字，如『富與貴』，『惟我與爾』；而左語內則兼用『及』與『與』，而『及』字尤其通行，如云『宋及鄭平』，『生秦穆夫人及太子申生』。魯語裏從不用『及』字。

（7）「於」與「于」

高先生的最大發現是左傳裏「於」和「于」的分別。他指出這個介詞有三種不同的用處：

（甲）用如法文的 chez, auprès de, vis-à-vis de，置于人名之前，表示一種動作所向的人。在左傳裏多用「於」字。例如「請於武公」，「公問於衆仲」，「言於齊侯」，「晉君宣其明德於諸侯」。

（乙）用如英文的 at, to，或法文的 à，置于地名之前，表示一種行爲所在之地。在左語裏多用「于」字。例如「敗宋師于黃」，「至于廩延」，「逐田于貝丘」。

（丙）用如英文的 in, into 法文的 dans，表示地位所在或動作所止，但其下不是地名，故與（乙）項不同。

此一類在左傳裏頗不分明，「於」與「于」亂用。例如「見孔父之妻于路」，「殺孟陽于牀」，但又有「淹久於敝邑」，「趙旃夜至於楚軍」。

高先生作一個統計表如下：

	於	于
（甲）用如 auprès de	五八一	八五
（乙）用如 à	九七	五〇一

（丙）用如 dans　一九七　一八二

高先生又從校勘學上得着有力的旁證。例如雷格(Legge)用的是欽定春秋傳說彙纂本，其中的『於』『于』多不嚴格地分開。而阮元左傳校勘記與經典釋文所載古本異同，與四部叢刊所據宋本，其中作『于』字之處，彙纂本皆作『於』。又伯希和在燉煌發見的古寫本左傳四殘卷，其中『於』『于』的分別也都和高先生的（甲）（乙）兩類的區分相符合。

但左語裏的這些分別，在論語、孟子裏卻都不存在。魯語裏只用『於』字。如地名之前，左語常用『于』而魯語一律用『於』，故高先生作一比較表如下：

	左語	魯語
（甲）	於	於
（乙）	于	於
（丙）	於于	於

高先生依據上列七項標準得的結論是：左傳的文法與論語孟子的文法是很不同的。故左傳不是孔子作的，也不是孔門弟子作的，也不是司馬遷所謂『魯君子』作的，因為此書的語言不是魯語。這部書的文法一致，可見它是一個人或同一學派中的幾個同鄉人作的。

這是下篇第一部分的提要。

六　關於這一部分的批評

我們趁此機會討論這一部分的重要結論是否完全可以成立。

清華學校研究院的衞聚賢先生給此書做了一篇跋他批評高先生所論「於」「于」的分別是只「有時間性的而無空間性的」他說：

甲骨文、金文、尙書、詩經、春秋都是用「于」字作介詞的；左傳、國語、論語、孟子、莊子都是用「於」和「于」作介詞的。

他又說，「於」和「于」的比例，

左傳爲 19:17
國語爲 9:2
論語爲 21:1
孟子爲 96:1
莊子爲 849:1

衞先生說這可見『於』和『于』的『升降之際』了。

衞先生之說也有相當的價值，因爲文法的變遷確有時間的關係。如論語與孟子同爲魯語，而孟子用『于』字比論語少的多。又如論語只有『斯』字而無『此』字，而孟子裏便多用『此』字，很少『斯』字了。（參看我的國語文法概論，胡適文存卷三，頁六五——六六。顧炎武在日知錄裏已指出『論語之言「斯」者七十，而不言「此」；檀弓之言「斯」者五十有二，而言「此」者一而已』。）此外如我在爾汝篇（胡適文存卷二頁十二）指出論語與孟子時代用『爾』『汝』的風尚的不同，也是時間性的一例。又如高先生所舉第一項的『若』『如』兩字的例，均含有時代先後的影響。如『何如』則全用『如』，『若何』則用『若』多於『如』，爲什麽呢？爲的是『何』在『如』之先爲古文法，而『何』移在『如』或『若』之下則是後起的新文法了。故衞先生指出文法變遷之有時間性是很不錯的。

但衞先生說『於』『于』之別只有時間性而無空間性，那便是太武斷的結論，是大錯的。即如衞先生舉出各書用『於』與『于』的比例，從論語的 21:1 到孟子的 96:1 還可說是時代升降的關係；但何以解釋左傳的 19:17 呢！難道衞先生可以說左傳之作遠在論語之前嗎？（依衞先生自己的結論，左傳作於西元前四二五與四〇三之間；論語之作不會在其後。）

況且衞先生說高先生用『於』『于』的分別來證明左傳非魯國的作品，這未免太冤枉高先生了。高先生明明用了七項標準作證，『於』『于』之別不過是七項中之一項。七項參校的結果，高先生認左傳的文法與論語孟子的文法是兩種不同的方言的文法。我以爲這種研究方法是不錯的；高先生的結論也是很可以成立的。

高先生的特別貢獻正在他指出文法差異與地域的關係。近年趙元任先生指出北京話裏有『我們』與『咱們』的區別，國語區域裏只有此一處了，吳語區域裏也只有無錫一處。這便是文法差異的地域關係的一例。又如唐宋人詩詞裏常有『底』字用作『什麼』的意思；如『干卿底事』之類。現在只有常州幾縣之中還有用『底』字的地方，有讀如 di 的，有讀如 dya 的。這也是一個例。我們要知道，文法因時代變遷而有沿革，其起點都是從某地方言裏來的。一個代名詞的被採用，一個介詞的區別，一個助詞的廢止，大抵都起於一地的方言而漸漸推行到各地去。故文法上的變遷，有時是某地方言的勝利，有時是某地方言的失敗；有時由方言變爲普通話，有時或由普通話降作方言。故『於』『于』由有別而變成無別，可說是左語的失敗，也可說是魯語的勝利；而『斯』終被『此』字打倒，又是魯語的失敗了。人稱代名詞的多數，各地方言皆有或稱『我人』，或稱『我家』，或稱『喒俚』，或稱『阿拉』，或稱『我們』，而『們』字竟成爲普通話。這是由方言而升作普通話。如『底』在一個時代似很普通，現在僅限於常州幾處，那又是降爲方言了。

故高先生指出的地域關係，我們不但應該贊成，並且應該推行到別種古書研究上去。如詩經與楚辭的比較，又如詩經中各國風詩的分析的研究，都可採用這種方法。

最可注意的是高先生用文法上的區別來證明左傳不是魯國人做的，而同時不相識的衞聚賢先生也從別的方面證明左傳的著者不是山東人。衞先生的文章共有三篇：一是左傳之研究（國學論叢第一卷第一號，商務印書館發行），一是春秋的研究（國學月報第二卷第六號以下，北京樸社發行），一是本書的跋。他在左傳之研究裏舉出兩項證據：

（1）從春秋左傳國語分國紀事詳簡的統計上知左傳的著者所在之地爲晉國（頁二一八）。這一項證據頗薄弱。晉是大國，故佔左傳篇幅最多，約百分之二十六；魯以小國而佔百分之十三有另，不算少了。國語紀晉事也最多，佔百分之四十以上，而衞先生卻不因此斷定國語作者也在晉國。國語紀魯事遠不如左傳之詳，而他卻信國語的作者是魯人，故這一項的證據是沒有多大用處的。

（2）他從方音上證明左傳的著者『非齊魯人』。這一項，他後來在本書跋裏說的更詳細，故當依此跋爲準。他用了三個例證：（a）『郲』，公羊與禮記作『郲婁』，鄒語、孟子、莊子作『鄒』，而左傳作『郲』，與紀年合。因此可見左傳非山東人的作品。（b）左傳的春秋莊十二年書『宋萬弑其君捷』，而公羊的春秋作『弑其君接』。衞先生以今日山東山西的方言證之，定左傳爲非山東人的作品。（c）左傳桓五年的『仍叔』，穀梁作『任叔』，衞先生以今日的方言證之，定左傳爲非山東人的作品。

衞先生舉出的三個方音的例，都有點漏洞。我們從何處得知公羊穀梁爲山東人呢？不過根據漢書藝文志的小注而已。我們試舉『郲』『仍』『捷』三字的三傳異同表（依衞先生自己的春秋的研究頁二七八——二八〇）來批評衞先生的方法：

（左傳）	（公羊）	（穀梁）	（異文次數）
郲	郲婁	郲	二五
仍	仍	任	一
捷	接	捷	三

『郲』字與『捷』字，公羊異於左傳，而穀梁同於左傳；『仍』字則公羊同於左傳，而穀梁異於左傳。同於左傳則不取，異於左傳則被取，故於『郲』字與『捷』字皆僅取公羊之異，而不顧穀梁之同；而於『仍』字則不顧公羊之同，而僅取穀梁之異！故在『郲』『捷』兩條下，左傳與公羊不同，那便是山西話的證據，而與穀梁相同，卻不是山東話的證據。到了『仍』字條下，左傳與公羊相同，卻又不是山東話的證據，而與穀梁不同，卻便可證明其爲山西話了！這種任意的去取，豈不是很危險的方法嗎？

故我以爲衞先生說左傳不是山東人的作品，那不過是一個大膽的假設；他的證據卻不能算是充分的。倒是高先生的文法比較上的證據可以替衞先生添不少強有力的證據。衞先生得着這個有力的助手，應該擁護他，不應該寃枉他。

七　下篇的最後兩部分

下篇的第二部分是用左傳來比較書經、詩經、禮記和大戴禮、莊子、國語等書，看他們文法上的同異。他的結果都在他的比較統計表裏，我們不必逐一申述了。他的總結論是：

在周秦和漢初書內沒有一種有和左傳完全相同的文法組織的。最接近的是國語，此外便沒有第二部書在文法上和左傳這麼相近的了。

高先生原定了七項文法標準，在這一部分裏他又加上了兩項：一項是「吾」「我」「予」，一項是「邪」「耶」，共計九項。高先生的比較表上顯出只有國語與左傳有八項相符合，只有第一項（「如」「若」）有點不同。所以他說國語最接近左傳。

這種結果大可幫助今文家的主張。今文家說劉歆割裂國語，造為春秋左氏傳；今本的國語只是劉歆割裂的殘餘了。如今高先生從文法比較上證明這「兩部書的文法組織很是相同」，這豈不是給今文家尋得了有力的新證據嗎？我很希望我的朋友錢玄同先生能繼續高先生的工作，把左傳與國語再作一番更精密的比較，對這個問題下一個最後的結論（錢先生的主張見顧頡剛的古史辨，頁二七八——二八〇）。

高先生在這一部分的工作，雖然給了我們不少的有用的暗示，卻不算是很精密的工作。尚書、詩經、大小戴記、莊子都是複合的作品，沒有一部書可以籠統地算作一種單純的作品。高先生把這幾部書都認作自成文法系統的作品，這是根本的大錯。高先生研究禮記，也承認這一點，故他不曾把大小戴記列入比較總表內。其實尚書詩經也都應該這樣辦。

況且這幾部書都是大書，每一部的文法研究已够一位外國學者的長期工作了。高先生卻要把這些書合起來作綜合的研究，他的工作自然太難了，他的不精密之處是很可以原諒的。

試舉一條作例。高先生說：

詩經裏照例用『于』，有幾處還用『於』（沒有特別的作用，和『于』完全同義），多數見於那不曾嚴格整理的國風。一共有十八個『於』，十二個見於國風（在六國的六篇內），兩個見於小雅的一篇，三個見于大雅的兩篇，一個在頌內。

詩經用作介詞的『於』字只有十四個，十一個見於國風，兩個見于小雅，一個見于頌。大雅裏的『於』字都是感歎詞。這十二個之中，只有周頌清廟裏的一句

無射於人斯

頗不容易解釋。其餘十一條似乎都是『有特別的作用』的。試把他們排列如下：

（1）與『我』連用，凡九次。

俟我於城隅（靜女）

俟我於著乎而（著）

俟我於庭乎而

俟我於堂乎而

於我乎夏屋渠渠（權輿）

於我乎每食四簋

於我歸處（蜉蝣）

於我歸息

於我歸說

（2）與『女』連用，二次。

於女信宿（九罭）

於女信處

（3）與『焉』連用，二次。

於焉逍遙（白駒）

於焉嘉客

這豈是隨便亂用的嗎？再看詩經裏，凡用「于」作介詞，決不同「我」「女」「焉」連用。最可注意的是「我」字。高先生曾指出國風裏有二十二個「乎」字用作介詞的，他不曾留意那二十二個之中十六個也是同「我」字連用的：

期我乎桑中　三見（桑中）

要我乎上宮　三見

送我乎淇之上矣　三見

俟我乎巷兮（丰）

俟我乎堂兮

遭我乎峱之間兮（還）

遭我乎峱之道兮

於我乎夏屋渠渠（權輿）

於我乎每食四簋（這兩個「乎」似不是介詞？）

我們似乎可以假設『于』字與『我』字因爲聲音上的原因，不能不互相迴避，故『我』字的上下不用『于』而改用『於』或用『乎』。『女』字與『我』同紐，『焉』字古音近『于』，故也不用『于』。此外用『乎』之字，如『胡爲乎』，如『殊異乎』，如『心乎愛矣』，似乎也都是因爲聲音上的原因。我是不懂古音的人，手頭又沒有高先生的解析字典，只好提出這個假設來請教于高先生和別位古音學者。

我舉這一條來表示詩經等書的文法研究不是那樣容易的事；滿意的結果似乎要等待將來的工作。但高先生有開路的大功，那是我們都該感謝的。

下篇的最後一部分是用左傳來比較一些前三四世紀的書，如莊子、荀子、呂氏春秋、戰國策、韓非子之類，看他們文法上的關係。高先生歸納的結果定出一種『前三世紀的標準文言』，大致有下列幾種現象：

（1）沒有代『則』字的『斯』。

（2）沒有代『此』字的『斯』。

（3）有『若』有『如』，都作『像』解。

（4）有『乎』的介詞。

（5）有句尾的『與』（歟）。

（6）沒有介詞『及』。

（7）沒有『於』『于』的特殊區別。

（8）有句尾的『邪』（耶）。

高先生說左傳和這種『前三世紀的文言』大不同，『這便天然使我們猜想左傳代表一個更早的時期』，所以他斷定此書多份是前四六八年到三〇〇年中間作的。他又說，『無論如何總在前二一三年（焚書之年）以前』。

高先生敬愛左傳，總想把此書擡到前四五世紀去。這是個感情問題，而感情往往影響到人的理智。高先生自己也曾說過，孟子在三世紀可以用魯語著書，何以見得左傳的作者就不能在三世紀仍用他自己的方言著書呢？但高先生感情上不認這個假定，故他說這話繞灣子太遠了，不如說左傳是更早的作品罷。這豈非感情的戰勝嗎？

故我以爲高先生用左傳的特別文法組織來和『魯語』相比較，證明左傳的語言自成一個文法組織，決非『魯君子』所作，——這是他的最大成功。其次他因此又證明左傳和國語在文法上最接近，這是他的第二功。這兩個結論和劉逢祿、康有爲、崔適、錢玄同諸人的主張的大旨都可以互相印證。但今文家所主張的枝節問題，如說『左傳是國語裏抽出來的』，『左氏春秋變成春秋的左氏傳是劉歆幹的』，……這些問題還是懸案。高先生不能證明左傳原是春秋傳，今文家也不能根據高先生的成績而就斷定劉歆的作僞。

高先生又想進一步證明左傳著作的年代，在這一方面，他的成績便不很好了。我們懷疑的原因有幾點：（1）

如上文所說，孟子可以用魯語著書，何以左傳用『左語』便應屬于更早的時代呢？（2）高先生討論尙書的時候，也曾指出尙書的僞造部分的文法反比眞的部分更精密一致。這豈不要幾乎根本推翻這種文法學上的工具嗎？（3）高先生又在討論淮南子的時候（注十）曾指出淮南子的前五卷用『於』與『于』同左傳國語的規則一樣。這豈不要使我們更懷疑左傳著作的年代嗎？

所以我以爲研究左傳著作的年代應該參用左傳本身的證據。在這一點上，我以爲衞聚賢先生的左傳之研究頗有參考的價値。

衞先生說『左氏』是地名，不是人姓名。他引韓非子外儲說右上：

> 吳起，衞左氏中人也。

又引國策衞策：

> 衞嗣君時，胥靡逃之魏，衞贖之百金，不與。乃請以左氏。羣臣諫，君曰：『民無廉恥，雖有十左氏，將何用之？』

但衞先生是山西人，他的感情作用使他擡出子夏爲左氏春秋的作者，說此書是子夏在魏之西河時作的；因傳于左氏人吳起，故有左氏之名。其實左氏若眞是因地得名，那麽何不直截假定吳起爲左傳的作者呢？

這一點感情作用，也影響到左傳著作的年代問題。左傳稱趙襄子的謚法，故衞先生說左傳之作最早在襄子死後，在前四二五年之後。這是可信的。但昭公二十九年說『晉其亡乎』，昭公二十八年說魏氏『其長有後于晉國乎』，閔公元年說畢萬『公侯之子孫必復其始，』莊公二十二年說田完『八世之後莫之與京』，——這都可見作者親見三家分晉與田和代齊，故此書著作的年代又當移後至早當在前四〇三年三晉爲諸侯之後，或竟在三八六年田和爲諸侯之後。但衞先生定要委曲說明此書之作最晚當在前四〇三年以前，這未免是他的偏見了。

總之，左傳的年代問題，此時還在討論的時期，還沒有定論。現在我們稍稍有把握的一點只是左傳不是『魯君子左丘明』做的。衞先生提出的『左傳不是山東人做的』一個假定得着高先生的文法比較的結果可算是有了強硬的佐證；而衞先生在左傳之研究裏舉出左傳袒魏，又詳於述晉國霸業，而略於齊桓霸業，等等佐證也可以幫助高先生的結論。這可見我們只要能破除主觀的成見，多求客觀的證據，肯跟着證據走，終有東海西海互相印證的一日的。

一九二七・十・四・在上海寓所

附錄二

跋左傳真僞考

衛聚賢

高氏以文法上的關係考證左傳的眞僞，用這個方法去工作，高氏算是第一人，我是很贊成的。不過有幾個地方我是要說話的：按中國古籍上的『於』和『于』的分別，是有時間性的，而無空間性的。高氏以論語、孟子多用『於』，左傳用的『於』和『于』爲 19:17（註一）證明左傳非魯國的作品，這是差了。

（註一）原書 page 44 有一表，今歸納起來爲：於（581+97+197）:于（85+501+182）=於875:于769=於19:于17

（一）時間的關係

甲骨文、金文、尙書、（註一）（今文二十八篇）、詩經、（註二）春秋都是用『于』字作介詞的，左傳、國語、論語、孟子、莊子都用『于』和『於』作介詞的。但左傳中用的『於』和『于』爲 19:17 國語爲 9:2 論語爲 21:1 孟子爲96:1 莊子爲 849:1（註三）之比，其用的『于』和『於』作介詞的升降之際就可見了。這個不惟在現有的書本上是如此，現象即金文中到了戰國時代也是用『於』字作介詞的（見陳肪敦）。原來『于』和『於』是同音的，（註四）戰國時代的學者把他假借來用，但戰國初年假借的還有規則（如左傳），到了中年就亂了（如孟子），到了後世把『于』和『於』的用法就莫明其妙了（註五）。是『于』和『於』的用法不同是時間的關係。

（註一）尚書中有九個『於』字但堯典益稷的三個『於』字作感歎詞『烏』字用金縢的兩個『於』字尚書大傳引作『于』酒誥的兩個『於』字吳語韋註引作『于』下剩了金縢顧命的兩個『於』字當係後人傳寫錯誤。

（註二）詩經中有四十四個『於』字除作感歎詞『烏』字用外下餘十三個作介詞用的但靜女的『於』字說苑引作『乎』十駕齋養新錄卷一說『于於兩字義同而音稍異尚書詩經例用于字論語例用於字唯引詩書作于字今字丗家以於屬影母于屬喻母古音無影喻之別也』可見詩中的『於』字古本作『于』字今本被後人傳寫錯誤而有了十五個『於』。

（註三）尚書詩經春秋左傳論語孟子據十三經註疏校勘過的本國語據四部叢刊本莊子據莊子集解本。

（註四）于於同音見（註二）。

（註五）書金縢校勘記『乃流言於國』條下說『于』和『於』是『傳寫舛錯初無義例』。

——以上詳見我的春秋的研究——

（二）空間的關係

要用方言考證左傳非魯國的作品，如『邾』（隋音爲tiu）公羊禮記作『邾婁』（婁隋音爲lau）。按『邾婁』的合音爲『鄒』（隋音爲tsiau），是應叫『邾』爲『鄒』了，如鄒語孟子莊子都叫牠爲『鄒』。但山東的作品如公羊禮記牠不用合音的『鄒』，而用那原來複音的『邾婁』；山西的作品如紀年牠不用複音的『邾婁』，又不用合音的『鄒』，反用那單音的『邾』；與這山西的作品紀年表同情的爲左傳。左傳非山東的作品於此可知了。

左傳內的春秋於莊十二年書『宋萬弒其君捷』（隋音dziap），公羊內的春秋作『宋萬弒其君接』（隋音爲tsiap）。又按禮記曾子問『有接祭而已矣』，晏子春秋內篇諫下有『公孫接』，音義、藝文類聚、後漢書注、作『公孫捷』，爾雅釋詁『接，捷也』。是山東一類的書如公羊、禮記、晏子春秋都叫『捷』爲『接』。按現在山西的方言說走小道爲『捷（ㄑㄝ）徑』，山東的方言爲『接（ㄐㄝ）徑』。是此亦可證明左傳非山東的作品了。

桓五年左傳『天王使仍叔之子來聘』，穀梁作『天王使任叔之子來聘』。史記吳世家索隱說『仍任聲相近』，畢沅晉地理志音義說『古仍任通用』。按現在山西的方言說『我仍然作某事』（仍音『ㄪㄥ』），山東讀此『仍』字音『ㄖㄥ』；是山西的方言讀『仍』爲『ㄪㄥ』故作『仍』，山東的方言讀『仍』爲『ㄖㄥ』故作『任』；即左傳上的『仍叔』爲穀梁上的『任叔』了。此亦可證明左傳非山東的作品了。

左傳我前證明係卜子夏在魏之西河（今山西河東）作的（詳見我的左傳之研究），高氏是個語言學家，他用方言證左傳非魯國的作品，應將左傳、公羊、穀梁三個的春秋內音同義同而字不同的字列上一個表（這個工作我在我的春秋的研究內已作過了），就山西和山東的方言以古韻證之，左傳究爲山西、山東的作品，想可能判斷了。

總上二層，『於』和『于』的用法不同，是時間上關係，非空間上關係；高氏不用此證明時間，而用此證明空間，故我說他差了。

我還有兩句話要說的：高氏的結論說『此書是在四六八年以後（書中所述最遲的一年）』，這也是差了。按高氏以魯哀公二十七年即西元前四六八年爲左傳的最遲一年實際左傳的末段首句爲『悼之四年』，按魯悼公四年即西元前四六三年又左傳的末段內有『趙襄子』三字按『襄子』二字是死後的謚法襄子卒在周威烈王元年即西元前四二五年是左傳的最遲的一年爲西元前四二五年，非四六八年了。

高氏又以左傳『在二一三年前多份還是四六八年到三〇〇年中間』的作品實際左傳是周威烈王二十三年前即西元前四〇三年前的作品牠於陳完的卜辭（莊二二）說『五世其昌並于正卿八世之後莫之與京』。按陳完之後十世爲侯。牠何不續上一句說『十世爲侯』呢？這是牠沒見到故不說。魏獻子爲政強私家弱公室（昭二八）在專制時代尊君之下是不應該的。牠反贊揚了許多，終結的一句說『其長有後於晉乎？』三家分晉以此爲起點牠如果看見魏文侯於西元前四〇三年列爲諸侯，那麼牠就應該說『其長有後於魏乎？』不應該說有晉了；這是牠分明未看見魏脫晉獨立的語氣。楚子問鼎（宣三）『卜世三十卜年七百』的話，恰是西元前四二五——四〇三年的周室情狀（正是周室的二十九世六百八九十年；與三十世七百年相去甚近），實際周卜世三五卜年八六七哩；他只將牠看見的說了。此外如季友的卜辭（閔二）牠說『季氏亡則魯不昌』；陽虎叛魯奔晉適趙氏牠引仲尼的話『趙氏其世有亂乎？』實際季氏亡的很晚，趙氏世未有亂；如這一類的預言，在西元前四〇三年前的都應了，在四〇三年後的都未應，可知左傳是西元前四〇三年前的作品了（詳見我的左傳之研究）。

晉太康二年（二八一年）在西元前三一九年葬埋的魏襄王墳墓中，發現了左傳的一部分（卜筮），名叫『論語師春』；是左傳在西元前三一九年已公行於世了。西元前二六二年虞卿引春秋曰『……』（見楚策）即左傳襄十一年的歷史西元前二五四年韓非子引春秋曰『……』（韓非子姦切弑臣）即左傳昭元年及襄二十五年的原文可知左傳於西元前二六二年及二五四年已公行於世，被人引用了。

總上二層，左傳最遲的一年是西元前四二五年，最早是西元前四〇三年；比高氏所斷定的最遲的一年爲西元前四六八年，最早爲西元前三〇〇年；我把牠縮短了一百四十六年。高氏說『多份是四六八年到三〇〇年中間』，他中間共爲一百六十八年；我斷定左傳的由最後至最前中間共爲二十二年。這是我與高氏的不同了。

此外還有兩句話要說：高氏於他原書 Page 45 說成十三年和文十七年的兩段傳文，文法不類，疑爲後人所竄入高氏只說着了一半，因爲成十三的傳是左傳的作者抄史稿的原文；文十七年的傳是劉歆僞造的，是以文法都不類。

（1）成十三年晉使呂相絕秦的一段故事，牠內中有『亦悔于厥心，用集我文公。……康公我之自出，又欲闕翦我公室，傾覆我社稷，……』文氣是很古奧的。這段中共有十個『于』字用作介詞，只有一個『於』字用作介詞（卽『君有二心於狄』，按禹貢共有七十三個『于』字史記夏本紀引改了十三個『於』字；以此例推，此『君有二心於狄』的『於』字是被左傳的作者改了（或是後人傳寫錯了）。文氣古奧，『于』字又多，可斷定牠是從古書上抄來的原文了。

（2）文十七年是鄭子家致晉趙宣子的一封信，牠中間有『書曰「諸侯」，無功也，於是晉侯不見鄭伯……』這封信與劉歆僞竄的書例相連貫，可斷定這一封全是僞的了。況信中有種種事實不符，茲言於左：

『往年正月，燭之武往朝夷也。』按僖三十年燭之武說，『今老矣無能爲也。』曲禮說『七十爲老』，是燭之武至此已九十餘歲了；九十餘歲的老人還能往朝鄰國，不盡情理。又『往朝夷也』四字文法不通。

『往朝夷也……夷與孤之二三臣相及於絳』，在昔專制時代，人臣當不能有稱太子稱名的（夷）和稱自己稱『孤』的這種現象。

『文公……四年二月壬戌……』杜注『魯莊公二十五年二月無壬戌，壬戌三月二十日』，以日干考之，此段亦僞。

『文公二年六月壬申朝于齊，四年二月壬戌爲齊侵蔡，亦獲成於楚……』杜注以鄭文公二年爲魯莊公二十三年，四年爲魯莊公二十五年。按僖四年齊桓『以諸侯之師侵蔡，蔡潰，遂代楚。楚子使與師言曰，「君處北海，寡人處南海，唯是風馬牛不相及也，不虞君之涉吾地也」』這分明是召陵之盟以前，齊楚未接過頭的，今這一封信中說是在那召陵之盟前十四年『爲齊侵蔡亦獲成於楚』，當非事實。

這封信中用『於』字作介詞的共五個用『于』字作介詞共七個，這是劉歆見左傳本年全年無傳文，他以爲左傳不宜有空年，於是竄了這一封長信並些解經的話來充篇幅。故他用的『於』幾等於『于』。

總上二層，一是引原文的幾全用『于』字，一是倣古體的是以也用『于』字；但他以爲『於』和『于』無甚分別，故亂用『於』和『于』字。因此之故，此兩段傳文文法都不類，高氏就看出來了。但一個看着了，一個沒看得着。

總之，高氏以外人而研究中文，以中國文法上關係而考證中國古籍的眞僞，這是我很佩服的。

十六年六月書於清華研究院。

附錄三

論左傳與國語的異點

馮沅君

自清今文家說左傳是劉歆割裂國語而成後，梁啓超先生仍持其說。瑞典學者高本漢先生的左傳眞僞考，就文法上證明在先秦的許多著作中，只有國語與左傳最近；林語堂先生就古音上證明國語與左傳是同一方音。高林兩先生雖未斷定左傳與國語就是一書，但無形中給劉逢祿一派人添了些富有科學性的證據。我們固然不像章炳麟先生一派人拚命要說左傳與國語不相干，確是爲傳春秋而作，來替古文家裝面子，但在我翻閱二書的結果，要說兩句有袒護古文家之嫌的話，就是：左傳與國語並非一書。

假如左傳確是後人割裂國語而成，則其對於一件事的記載，應該見於左傳者國語不載；退一步說，即使二書並見，也不會有什麼事實上的差異。但是我們將二書比較的結果，確有些地方不如此。例如：

『〔聲子〕對曰：「昔令尹子元之難，或譖王孫啓於成王。王弗是，王孫啓奔晉，晉人用之。及城濮之役，晉將遁矣，王孫啓豫於軍事，謂先軫曰：『是師也，惟子玉欲之，與王心違，故惟東宮與西廣實來。諸侯之從者叛者半矣，若敖氏離矣，楚師必敗，何故去之？』先軫從之，大敗楚師，則王·孫·啓·之·爲也。昔莊王方弱，申公子儀父爲師，王子燮爲傳，使師崇子孔帥師以伐舒。燮及儀父施二帥而分其室，師還至，則以王如廬。廬戢黎殺二子而復王。或譖析公臣於王，王弗是，析公奔晉。晉人用之，實讒敗楚，使不規東夏，則析公之爲也。昔雍子之父兄譖雍子於恭王，王弗是，雍子奔晉，晉人用之。及鄢之役，晉將遁矣，雍子與於軍事，謂欒書曰：『楚師可料也，在中軍王族而已。若易中下，楚必歆之。若合而函吾中，吾上下必敗其左右，則三萃以攻王族，必大敗之。』欒書從之，大敗楚師，王親面傷，則雍子之爲也。昔陳公子夏爲御叔取於鄭穆公，爲生子南。子南之母亂陳而亡之，使子南戮於諸侯。莊王既以夏氏之室賜申公巫臣，則又界之子反，卒與襄老。襄老死于邲，二子爭之，未有成。恭王使巫臣聘於齊，以夏姬行，遂奔晉。晉人用之，實通吳晉，使其子狐庸爲行人於吳，而敎之射御，導之伐楚，至于今爲患，則申公巫臣之爲也。……』」（楚語上）

『〔聲子〕對曰：「……子儀之亂，析公奔晉，晉人寘諸戎車之殿，以爲謀主。繞角之役，晉將遁矣，析公曰：『楚師輕窕，易震蕩也。若多鼓鈞聲，以夜軍之，楚師必遁。』晉人從之，楚師宵潰。晉遂侵蔡，襲沈，獲其君，敗申息之師於桑隧，獲申麗而還。鄭於是不敢南面。楚失華夏，則析公之爲也。雍子之父兄譖雍子，君與大夫不善是也。雍子奔晉，晉人與之鄐，以爲謀主。彭城之役，晉楚遇于靡角之谷，晉將遁矣，雍子發命於軍曰：『歸老幼，反孤疾，二人役，歸一人。簡兵蒐乘，秣馬蓐食，師陳焚次。』明日將戰，行歸者而逸楚囚，楚師宵潰，晉降彭城而歸諸宋，以魚石歸。楚失東夷，子辛死之，則雍子之爲也。子反與子靈爭夏姬，而雍害其事，子靈奔晉，晉人與之邢，以爲謀主，扞禦北狄，通吳於晉，教吳叛楚，教之乘車射御驅侵，使其子狐庸爲吳行人焉。吳於是伐巢，取駕，克棘，入州來，楚罷於奔命，至今爲患，則子靈之爲也。若敖之亂，伯賁之子賁皇奔晉。晉人與之苗，以爲謀主。鄢陵之役，楚晨壓晉軍而陳。晉將遁矣，苗賁皇曰：『楚師之良在中軍王族而已。若塞井夷竈，成陳以當之，欒范易行以誘之，中行二郤，必克二穆，吾乃四萃於其王族，必大敗之。』晉師從之，楚師大敗，王夷師熸，子反死之。鄭叛吳興，楚失諸侯，則苗賁皇之爲也。」』（左傳襄二十六年）

這兩段文章的辭句的差異，我們暫置之不論。就所紀的事實上說，也自不同：國語中聲子論楚臣奔晉而爲晉用者是王孫啓、析公、雍子、申公巫臣，而左傳中聲子所舉者爲析公、雍子、子靈（申公巫臣）、苗賁皇。此其一。國語說參與鄢陵之役者爲雍子，左傳說爲苗賁皇，此其二。考之國語左傳皆說鄢陵之役令晉軍夷竈堙井者爲范文子之子范匄，而左傳中聲子則以爲苗賁皇。本來一件事傳成兩個樣兒是極可能的，但國語左傳如出於一人之手，當不致如此參差。又如：

『秋七月辛丑，盟。吳晉爭先。吳人曰：「於周室，我爲長。」晉人曰：「於姬姓，我爲伯。」趙鞅呼司馬寅曰：「日旰矣，大事未成，二臣之罪也。建鼓整列，二臣死之，長幼必可知也。」對曰：「請姑視之。」反曰：「肉食者無墨，今吳王有墨，國勝乎？太子死乎？且夷德輕，不忍久，請少待之。」乃先晉人。』（左傳哀十三年）

『……吳晉爭長未成，邊遽乃至，以越亂告，吳王懼，乃合大夫而謀曰：「越爲不道，背其齊盟。今吾道路修遠，無會而歸，與會而先晉執利？」王孫雒曰：「夫危事不齒，雒敢先對。二者莫利。無會而歸，越聞章矣，民懼而走，遠無就正。齊宋徐夷曰『吳既敗矣』，將夾溝而㢘我，我無生命矣。會而先晉，晉既執諸侯之柄以臨我，將成其志以見天子，吾須之不能，去之不忍，若越聞愈章，吾民恐叛，必會而先之。」王乃步就王孫雒曰：「先之，圖之將若何？」王孫雒曰：「王其無疑！吾道路悠遠，必無有二命，焉可以濟事。」……吳王許諾。吳王昏乃戒，令秣馬食士。夜中乃令服擐甲，係馬舌，出火竈，陳王卒百人以爲徹行百行。……既陳，去晉軍一里。昧明王乃秉枹，親就鳴鐘，鼓丁寧、錞于，振鐸，勇怯盡應，三軍皆譁釦以振旅，其聲動天地。晉軍大駭不出，周軍飭壘，乃命董褐請事，曰：「兩軍偃兵接好，日中爲期。今大國越錄而造於弊邑之軍壘，敢請亂故。」吳王親對之曰：「天子有命，周室卑約，貢獻莫入，上帝鬼神而不可以告。無姬姓之振也，徒遽來告，孤日夜相繼，匍匐就君。今君非王室不平安是憂，億負晉衆庶，不式諸戎狄楚秦，將不長弟，以力征一二兄弟之國。孤欲守吾先君之班爵，進則不敢，退則不可。今會日薄矣，恐事之不集，以爲諸侯笑。孤之事君在今日，不得事君亦在今日。爲使者之無遠也，孤用親聽命於藩籬之外。」董褐將還，王稱左畸曰：「攝少司馬茲與王士五人坐於王前。」乃皆進，自剄於客前以酬客。董褐既致命，乃告趙鞅曰：「臣觀吳王之色，類有大憂，小則嬖妾嫡子死，不則國有大難；大則越入吳。將毒，不可與戰。主其許之先，無以待危。然而不可徒許也。」趙鞅許諾。晉乃令董褐復命曰：「寡君未敢觀兵身見，使褐復命曰：『曩君之言，周室既卑，諸侯大夫失禮於天子，請貞於陽卜，收文武之諸侯。孤以下密邇於天子，無所逃罪，訊讓日至，曰：「昔吳伯不失春秋，必率諸侯以顧在余一人。」今伯父有蠻荆之虞，禮世不續，用命孤禮佐周公，以見我一二兄弟之國，以休君憂。今君掩王東海，以淫名聞於天子，君有短垣而自踰之。況蠻荆則何有於周室？夫命圭有命，固曰吳伯，不曰吳王，諸侯是以敢辭。夫諸侯無二君，而周無二王，君若無卑天子以干其不祥，而曰吳公，孤敢不順從君命長弟。」」吳王許諾，乃退就暮而會。吳公先歃，晉侯亞之。」（吳語。）

國語於此事分兩節述，文極繁富，左傳則極略。此姑不論。國語言吳先動兵，結果吳先歃……左傳則適與之反。至晉使窺探吳軍者，國語言董褐，左傳言司馬寅。雖然有賈逵等都説二人是一人，我卻不敢深信。（劉炫已疑褐與寅非一人，左傳正義引。）又如：

『十月，惠公卒。十二月，秦伯納公子。』（晉語四。）

『九月，晉惠公卒。』（左傳僖二十三年。）

國語韋解補正：『內傳魯僖二十三年九月，晉惠公卒，而此云十月，賈侍中以閏餘十八，閏在十二月後，魯史閏爲正月，晉以九月爲十月，而置閏也。秦伯以十二月始納公子，公子以二十四年正月入晉桑泉。案王云晉用夏正，故所載月與內傳不同。』又如：

『平公六年，箕遺及黃淵嘉父作亂，不克而死。公遂逐羣賊。謂陽畢曰……公許之，盡逐羣賊，而使祁午及陽畢適曲沃，逐欒盈，欒盈出奔楚。』（晉語八。）

「……宣子使城著而遂逐之。秋，欒盈出奔楚。宣子使殺箕遺、黃淵、嘉父、司空靖、邴豫、董叔、邴師、申書、羊舌虎、叔羆。」（左傳襄二十一年）

國語言晉公先殺箕遺等而後逐盈，左傳反之。國語逐盈於曲沃，左傳言於著。又如：

「哀姜至，公使大夫宗婦覿用幣。宗人夏父展曰「非故也」。」（魯語上）

「秋，哀姜至，公使宗婦覿用幣，非禮也。御孫曰……」（左傳莊二十四年）

國語韋解補正：「宗人，宗伯也。夏父，氏也；展，名也。」左傳於御孫下無注，大約以已詳於「刻桓宮桷」條下，是此御孫與前條之御孫爲一人。韋解補正謂前御孫即匠師慶，若夏父展即匠師慶，注亦必言之。今竟不言，其爲二人無疑。

「十六年，公作二軍。公將上軍，太子申生將下軍，以伐霍。師未出，士蔿言於諸大夫曰：「夫太子，君之貳也，恭以俟嗣，何官之有？今君分之土而官之，是左之也。吾將諫以觀之。」乃言於公曰……士蔿出語人曰：「太子不得立矣……」太子聞之曰……太子遂行，克霍而反，讒言彌興。」（晉語一）

「晉侯作二軍，公將上軍，太子申生將下軍，趙夙御戎，畢萬爲右，以滅耿，滅霍，滅魏。還，爲太子城曲沃，賜趙夙耿，賜畢萬魏，以爲大夫。士蔿曰：「太子不得立矣……」」（左傳閔元年）

國語言士蔿發議論在未出師伐霍時，左傳則說在滅霍班師之後。又如：

「……是故使申生伐東山，衣之偏裻之衣，佩之金玦。僕人贊聞之曰：「太子殆哉。……且是衣也，狂夫阻之衣也。其言曰，『盡敵而反』，雖盡敵，其若內讒何？」』（晉語一。）

『……太子帥師，公衣之偏衣，佩之金玦。狐突御戎，先友爲右。梁餘子養御罕夷，先丹木爲右，羊舌大夫爲尉。……先丹木曰「是服也，狂夫阻之曰『盡敵而反』，敵可盡乎？雖盡敵，猶有內讒，不如違之。」』（左傳閔二年。）

國語韋解補正：『贊，太子僕也』；『先友，晉大夫先丹木之族。』是則太子僕贊與先丹木非一人之異名。又如：

『晉饑，乞糴於秦。……公曰「寡人其君是惡，其民何罪？天殃流行，國家代有；補乏薦饑，道也，不可以廢道於天下」……』（晉語三。）

『冬，晉荐饑，使乞糴于秦。秦伯謂子桑「與諸乎？」……謂百里「與諸乎？」對曰「天災流行，國家代有，救災恤鄰，道也。行道有福」……』（左傳僖十三年。）

『天災流行，國家代有……』等語，國語以爲穆公語，左傳以爲百里奚語。又如：

『六年，秦歲定，帥師侵晉，至於韓。……公令韓簡挑戰，……穆公衡彫戈出見使者曰：「昔君之未入，寡人之憂也。君入而列未成，寡人未敢忘。今君既定而列成，君其整列，寡人將親見。」客還，公孫枝進諫曰……』（晉語三。）

『……故秦伯伐晉。……及韓。……九月，晉侯逆秦師，……遂使請戰……秦伯使公孫枝對曰：「君之未入，寡人懼之。入而未定列，猶吾憂也。苟列定矣，敢不承命。」……』（左傳僖十五年。）

國語言秦伯親對韓簡，左傳言秦伯使公孫枝對韓簡，又如：

『既戰，獲王子發鉤，欒書謂王子發鉤曰：「子告君曰『郤至使人勸王戰，及齊魯之未至也，且夫戰也，微郤至，主必不免。』吾歸子。」發鉤告君。』（晉語六。）

『欒書怨郤至以其不從己而敗楚師也，欲廢之，使楚公子茷告公曰：「此戰也，郤至實召寡君，以東師之未至也，與軍帥之不具也，曰『此必敗。』因奉孫周以事君。」』（左傳成十七年。）

國語言楚王子名發鉤，左傳言名茷。又如：

『梗陽人有獄，將不勝，請納賂於魏獻子。獻子將許之，閻沒謂叔寬曰：「與子諫乎？吾主以不賄聞於諸侯，今以梗陽之賄殃之，不可。」二人朝而不退……』（晉語九。）

『冬，梗陽人有獄，魏戊不能斷，以獄上。其大宗賂以女樂，魏子將受之。魏戊謂閻沒女寬曰：「主以不賄聞於諸侯；若受梗陽人賄，莫甚焉。吾子必諫。」皆許諾。退朝，待於庭。』（左傳昭二十八年。）

國語言閻沒女寬二人自動的諫魏獻子，左傳言魏戊教二人諫。又如：

『襄王十七年，鄭人伐滑，使游孫伯請滑，鄭人執之。王怒，將以狄伐鄭。富辰諫曰：「不可。古人有言曰，『兄弟讒鬩，侮人百里。』周文公之詩曰，『兄弟鬩於牆，外禦其侮。』若是，則鬩乃內侮，而雖鬩不敗親也……」』（周語中。）

『……王怒，將以狄伐鄭。富辰諫曰「不可，臣聞之，太上以德撫民，其次親親，以相及也。……召穆公思周德之不類，故糾合宗族于成周而作詩曰『常棣之華，鄂不韡韡。凡今之人，莫如兄弟。』其四章曰『兄弟鬩于牆，外禦其侮。』如是則兄弟雖有小忿，不廢懿親。」』（左傳僖二十四年）

常棣一詩，國語言周公作，左傳言召公作。又如

『靈王城陳，蔡，不羹，使僕夫子晳問於范無宇曰……對曰「其在志也，國為大城，未有利者。昔鄭有京，櫟，衛有蒲，戚，宋有蕭，蒙，魯有弁，費，齊有渠丘，晉有曲沃，秦有徵，衙。叔段以京患莊公，鄭幾不克；櫟人實使鄭子不得其位。衛蒲戚實出獻公；宋蕭蒙實弒昭公；魯弁費實弱襄公；齊渠丘實殺無知；晉曲沃實納齊師；秦徵衙實難桓景。……」』（楚語上）

『楚子城陳，蔡，不羹，使棄疾為蔡公。王問於申無宇曰「棄疾在蔡何如？」對曰「……鄭京櫟實殺曼伯。宋蕭亳實殺子游。齊渠丘實殺無知。衛蒲戚實出獻公。……」』（左傳昭十一年）

宋之大城，國語稱為蕭，蒙，左傳稱為蕭，亳。國語言蕭蒙所遺害者為昭公，昭公卽位於魯文公八年，左傳言蕭亳所遺害者為子游，子游事見魯莊公十二年。二事中間魯閔僖二公。又如

『中行伯既克鼓，以鼓子苑支來。』（晉語九）

『晉之取鼓也，既獻而反鼓子焉，又叛於鮮虞。六月，荀吳略東陽，使師僞糴者負甲以息於昔陽之門外，遂襲

鼓滅之以鼓子鳶鞮歸使涉佗守之。」（左傳昭二十二年。）

國語言鼓子名爲苑支，左傳言其名爲鳶鞮。又如

「他日秦伯將享公子，使子犯從。子犯曰「我不如衰之文也，請使衰從。」乃使子餘從。秦伯享之，如享國君之禮。子餘相如賓。……明日秦伯賦采菽，子餘使公子降拜，秦伯降辭。子餘曰「君以天子之命服命重耳，重耳敢有安志，敢不降拜？」成拜卒登，子餘使公子賦黍苗。子餘曰：「重耳之仰君也，若黍苗之仰陰雨也。若君實庇廕膏澤之，使能成嘉穀，薦在宗廟，君之力也。君若昭先君之榮，東行濟河，整師以復彊周室，重耳之望也。重耳若獲集德而歸載，使主晉民，成封國，其何實不從？君若恣志以用重耳，四方諸侯，其誰不惕惕以從君命？」秦伯歎曰「是子將有焉，豈專在寡人乎？」秦伯賦鳩飛，公子賦河水。秦伯賦六月，子餘使公子降拜，秦伯降辭。子餘曰：「君稱所以佐天子匡王國者以命重耳，重耳敢有惰心，敢不從德？」」（晉語四。）

「他日公享之，子犯曰「吾不如衰之文也，請使衰從。」公子賦河水，公賦六月。趙衰曰；「重耳拜賜。」公子降拜稽首，公降一級而辭焉。衰曰：「君稱所以佐天子者命重耳，重耳敢不拜？」」（左傳僖二十三年。）

國語言晉公子與秦伯賦詩在「他日」的次日，左傳言卽在「他日」。國語言晉公子賦黍苗、河水，秦伯賦采菽、鳩飛、六月。左傳言晉公子賦河水，秦伯賦六月。

以上所舉例證凡十五則。此外我再引前人的話作此節的結束。哀十三年傳吳晉爭盟「乃先晉人」句疏云：

『國語說此事云，吳公先歃，晉侯亞之。與此異者，經書「公會晉侯及吳子」，傳稱「公會單平公、晉定公、吳夫差」，吳皆在下，晉實先矣。經據魯史策書，傳采魯之簡牘。魯之所書，必是依實。國語之書，當國所記，或可曲筆直己，辭有抑揚，故與左異者多矣。鄭玄云，不可依國語亂周公所定法。玄云國語非丘明所作，凡有共說一事而二文不同，必國語虛而左傳實，其言相反，不可強合也。』

此語自不免拘迂可笑處，但說二書不可強合，則殊有見地。

國語左傳之差異，不只在『共說一事而二文不同』，二書又各有其不同的，有系統的文法組織。高本漢先生研究先秦各書文法，取書經、詩經、魯語（論語與孟子）、莊子、國語、左傳的九種字，列表說明其相同與相異之點如下：

（一）『若』，『如』（好像）	（甲）『若』	（乙）『若』和『如』	（丙）『如』
（二）『斯＝則』	（甲）有	（乙）無	
（三）『斯＝此』	（甲）有	（乙）無	
（四）『乎』（介詞）	（甲）有	（乙）無	
（五）『與』（句尾）	（甲）有	（乙）無	
（六）『及』（『和』）	（甲）有	（乙）無	

（七）『於』，『于』	（甲）『於』	（乙）『于』	（丙）『於』(auprés de)，『于』(a)，『於』和『于』(dans)
（八）『吾』，『予』，『我』	（甲）『吾』（主格和領格）與『我』，較少的『予』	（乙）『予』和『我』並用	（丙）『我』，較少的『予』
（九）『邪（耶）』	（甲）有	（乙）無	

國語左傳比較研究的結果是：

	國語、	左傳		國語	左傳
（一）	乙	丙	（六）	甲	甲
（二）	乙	乙	（七）	丙	丙
（三）	乙	乙	（八）	甲	甲
（四）	乙	乙	（九）	乙	乙
（五）	乙	乙			

（以上二表均見左傳眞僞考。）

如此看來國語同左傳的文法九種中同者凡八，其相同之點可也算眞多了。不過高先生此表，也未嘗無可商量處。

我研究的結果，認爲二書在文法上的異點共有五處。

第一，高先生以爲國語左傳裏『于』『於』的用法同是丙，而且說：

「（七）「於」和「于」都通行，而且用法上的不同，和左語完全一樣（「於」解作 auprès de，「于」解作 à，「於」和「于」解作dans）而且這一條主要規則的例外的百分率也是一樣——和左語一樣，和魯語不同。」

高先生此書原是專論左傳的，而且這樣巨大的書，我也怕再行統計，所以關於「於」「于」的用法，概依他所定。他所定的是：

甲 (auprès de)		乙 (à)		丙 (dans)	
於	于	於	于	於	于
五八一	八五	九七	五〇一	一九七	一八二

這就是說，在左傳內解作甲時，「於」比「于」多七倍；解作乙時，「于」比「於」多五倍；解作丙時，「於」與「于」相同。

我們先就解作乙講，國語裏「於」比「于」多四倍。全書內用「于」者只有二十四處，而用「於」者則有九十四處。例如下：

以致戎於商牧

三年乃流王於彘

戰於千畝·

回祿信於聆隧·

鸑鷟鳴於岐山·

八年而隕於韓·

晉旣克楚於鄢·

布戎於牧之野·

田於鞏·

諸侯不享王流於彘·

乃料民於太原·

有神降於莘·

檮杌次於丕山·

杜伯射王於鄗·

以諸侯朝王於衡雍·

晉文公旣定襄王於郟

諸侯會於柯陵

堯用殛之於羽山

魏獻子合諸侯之大夫於狄泉

遂田於大陸

（以上周語用於者二十處）

宿於重館

宣公夏濫於泗淵

厲流於彘

次於雍渝

昔禹致羣神於會稽之山

紂踣於京

幽滅於戲

（以上魯語用於者七處）

西至於濟

南至於餉陰

北至於河

至於西河

東至於紀酅

至於石枕

而大朝諸侯於陽穀

衞人出廬於曹

（以上齊語用於者八處）

未知其待於曲沃也

果敗敵於稷桑而反

公隕於韓

至於王城

晉人殺懷公於高粱

董因迎公於河

次於郇

入於曲沃

初獻公使寺人勃鞮伐公於蒲城

至於稷桑

帥師侵衞至於韓

公至於絳郊

軍於廬柳

狐偃及秦晉大夫盟於郇

刺懷公於高梁

困余於蒲城

公以二軍下次於陽樊

蒐於清原作五軍

遂與荆人戰於鄢陵

既退荆師於鄢

諸侯會於雞丘

公子揚干亂行於曲梁

殛之於羽山

居於鄭地氾

至於城濮

舍於冀野

於是敗楚師於鄢陵

與鼓子田於河陰

大夫逆於淸原

會諸侯於雞丘

趙文子與叔向遊於九原

其宗滅於絳

趙穿攻公於桃園

（以上晉語用於者三十三處）

遇之於鄭

以隕於乾谿

昔瓦唯長舊怨以敗於柏舉

昔齊騶馬繻以胡公入於貝水

以斃於鄢

濟於成臼

臣避於成臼

（以上楚語用於者七處。）

三歲於沮汾以服吳越

齊人與戰於艾陵

敗王子友於姑熊夷

以會晉公午於黃池

以與昭王毒逐於中原柏舉

簦笠相望於艾陵

三軍叛王於乾谿

而高高下下以罷民於姑蘇

吳王夫差旣勝齊人於艾陵

而投之於江

至於御兒

又大敗之於沒

明日將舟戰於江

寡人其達王於甬句東

（以上吳語用於者十四處。）

沈金玉於江

是故敗吳於囿

又敗之於沒

（以上越語上用於者三處。）

（以上周語、魯語、晉語、鄭語、楚語、吳語、越語上用於者九十四處。）

融降于崇山

（以上周語用于者一處）

反胙于絳

（以上齊語用于者一處。）

乃祭于曲沃

乘馹自下脫會秦伯于王城

右師取昭叔于溫

敗楚師于城濮

定之于郲

始合諸侯于虛朾以救宋

趙簡子田于螻

三卿宴于藍臺

歸福于絳

乃大蒐于被廬

殺之于隰城

魏顆以其身却退秦師于輔氏

軍于蘼魚

化爲黃熊以入于羽淵

雉入于淮爲蜃

（以上晉語用于者十五處）

襄老死于邲

以入于河

（以上楚語用于者二處。）

遂至于郢

（以上吳語用于者一處。）

南至于句無

東至于鄞

北至于禦兒

西至于姑蔑

（以上越語上用于者四處。）

（以上周語、齊語、晉語、楚語、吳語、越語上用于者二十四處。）

（註）遵高先生例，字後隨國名者不列入。

第二，『于』『於』解作丙時，用『于』者也只十處，而用『於』者有一百五十五處，是一與十六之比。例如下：

於翼東門葬

而自竄於戎狄之間

司空除壇於藉

王治農於籍

上卿逆於境

夫狄無列於王室

而廣施德於天下者也

恭王遊於涇上

日月底於天廟

乃命魯孝公於夷宮

耨穫亦於籍

命於武宮

余一人其流避旅於裔土

立於淫亂之國

（以上周語用於者十四處）

戾於敝邑

止於魯東門之外三日

今命臣更次於外

藏之不如置里革於側之不忘也

灼其中必文於外

以暴露於弊邑之野

吾欲利子於外之寬者

雖死於外而庇宗於內

季康子辭於朝而入見

合神事於內朝

合家事於內朝

有隼集於陳侯之庭而死

合民事於外朝

合官職於外朝

通道於九夷百蠻

（以上魯語用於者十五處）

制禮義可法於四方

則必得志於天下

施於四方

以從事於田野

軍旅整於郊

發聞於鄉里

與其爲善於鄉

執抱鼓立於軍門

桓公親逆之於郊

以旦暮從事於田野

是故卒伍整於里

以方行於天下

不長悌於鄉里

不如爲善於里

環山於有牢

與其爲善於里

聰慧質仁發聞於鄉里者

使周遊於四方

渠弭於有渚

使海於有蔽

環山於有牢

渠弭於有渚

悲隕越於下

不如爲善於家

不長悌於鄉里

使海於有蔽

環山於有牢

渠弭於有渚

使海於有蔽

（以上齊語用於者二十九處。）

讒言作於中

有神人面白毛虎爪執鉞立於西阿

臭達於外

況其危身於狄以起讒於內

君若求置晉君以成名於天下

夫人美於中必播於外

不可以廢道於天下

呂甥教之言令國人於朝

會於中原

公入於晉師

爾射余於屛內

少溲於豕牢

成於中

爾童子而三掩人於朝

申生乃雉經於新城之廟

受命於廟

吾言於朝

風聽臚言於市
恥大國之士於中原
與從者謀於桑下
臣從君還軫於天下
卽位於武
矢集於桓鈎
乃發令於太廟
有秦客廋辭於朝
其耳目在於旗鼓
受脤於社
於是乎使工誦諫於朝
考百事於朝
又爲惠公從余於渭濱
問毀謗於路

范文子立於戎馬之前

朝於武宮

以正於朝

於朝無姦行

公子辱於弊邑

今夢黃熊入於寢門

邢侯殺叔魚與雍子於朝

獻子執而紡於庭之槐

從姬氏於公宮

葬於翼東門之外

成而後振武於外

欒武子中行獻園公於匠麗氏

其勳銘於景鐘

使公族穆子受事於朝

於國無邪民

韋藩木楗以過於朝

其身尸於朝

而尸叔魚與雍子於市

問誰於庭

及景子長於公宮

復使立於外

（以上晉語用於者五十二處。）

以同於王庭

褮流於庭

（以上鄭語用於者二處）

無令名於四方

邴歜閻職戕懿公於囿竹

魯圉人犖殺子般於次

必恭恪於朝

子西歎於朝

晉長魚矯殺三郤於榭

（以上楚語用於者六處）

乃匍匐將入於棘闈

執箕箒以脥姓於王宮

以明聞於天下

使淫樂於諸夏之國

王枕其股以寢於地

以懸吾目於東門

封於江淮之間

春秋貢獻不解於王府

將還玩吾國於掌股之上以得其志

屏營彷徨於山林之中

親委重罪頓顙於邊

通於商魯之間

而造於弊邑之軍壘

孤用親聽命於藩籬之外

自剄於客前

乃築台於章華之上

封於江淮之間

以徹於兄弟之國

王乃命有司大令於國

子之父母將轉於溝壑

明日徇於軍

王乃命有司大徇於軍

民生於地上寓也

坐於王前

出於商魯之間

其民必移就蒲蠃於東海之濱

苟在戎者皆造於國門之外

王乃命有司大徇於軍

明日徇於軍

明日徇於軍

君王以親辱於弊邑

（以上吳語用於者三十一處）

越王勾踐棲於會稽之上

乃號令於三軍

勾踐載稻與脂於舟以行

今君王既棲於會稽之上

以暴露百姓之骨於中原

余何面目以視於天下

（以上越語上用於者六處。）

（以上周語、魯語、齊語、晉語、楚語、吳語、越語上用於者一百五十五處。）

廪于籍東南

（以上周語用于者一處。）

使張老延君譽于四方

射兕于徒林

以犬待于門

昔成王盟諸侯于岐陽

段規反首難而殺智伯于師

入于襄公之宮

雀入于海爲蛤

（以上晉語用于者七處。）

化爲玄黿以入于王府

（以上鄭語用于者一處。）

於是吳王起師軍于江北

越王軍于江南

（以上吳語用于者二處。）

（以上周語、晉語、鄭語、吳語用于者十處。）

第三第六條『及』（『和』）的用法，高先生的斷案是左傳國語相同，都是『甲』。他說：

『左語內，「與」和「及」都有，而「及」字尤其通行。例如『殺道朔及巴行人』，左傳桓公九年；「公及齊侯盟于落姑」，閔公元年；「宋及鄭平」，隱公七年；「生秦穆夫人及太子申生」，莊公二十八年……（國語中）「及」解作「和」是常見的，和左語一樣，和魯語不同。』

但事實上，國語內解『及』作『和』的地方遠不如『與』作『和』的地方多。全書內只有二十五個『及』字，而『與』字卻有一百五十五個。二者竟是一與六之比。例如下：

魯武公以括與戲見王

陳靈公與孔寧儀行父南冠以如夏氏

王孫說與之語

其君與三郤

將民之與處而離之

劉文公與萇弘欲城周

其若先王與百姓何

見王孫說與之語

邵桓公與之語

觀之詩書與民之憲言

星與日辰之位

（以上周語用與者十一處）

文仲以鬯圭與玉磬如齊告糴

今有司來命易臣之署與其車服

未嘗躋湯與文武爲不踰也

不聞以妾與馬

爲其名與其衆也

與邯鄲勝擊齊之左

與三公九卿祖識地德

闔門與之言

豈惟寡君與二三臣實受君賜

則請納祿與車服而違署

而我美妾與馬無乃非相人乎

召舟虞與司馬

畏與其衆也

不敢憚其患而與晉其憂

與太史司載糾虔天刑

晉昭公叔辭昭公弗與盟

（以上魯語用與者十六處。）

人與人相疇

與諸侯飭牲爲載

桓公召而與之語

懸車束馬踰太行與辟耳之谿拘夏

子與子言孝

家與家相疇

與諸侯戮力同心

燕處則父與父言義

反其侵地臺原姑與漆地

（以上齊語用與者九處）

於是乎與伊尹比而亡夏

於是乎與虢石甫比

若之何民之與處而棄之也

二公子主蒲與屈

雖克與否無以避罪

今我不才而得勤與從

以觀其果於衆也與衆信之輯睦焉

我以威與武是以臨諸侯

多怨可與共憂

子殺二君與一大夫

雖欲禦我誰與

願從其君而與報秦

姜與子犯謀

與司馬公孫固相善

於是乎與膠鬲比而亡殷

蒲與二屈

若下攝上與上攝下

爲仁與爲國不同

然款也不敢愛死惟與讒人鈞是惡也

夫齊侯好示務施與力而不務德

鄭也與客將行事

殺晉君與逐出之與以歸之與復之孰利

與從者謀於桑下

誰能與豺狼爭食

吾先君武公與晉文侯戮力一心

以與君周旋

惟青陽與蒼林氏同于黃帝

主雷與車

乃行路于草中之戎與麗土之狄以啓東道

與之歸

吾飲諸大夫酒而與之語

盡姑釋荆與鄭以爲外患乎

今我又戰荆與鄭

君與二三臣其成之

我欲以吾宗與吾黨夾而攻之

請與子共樂之・

惟青陽與夷鼓皆己姓・

而倘水與衆・

所不與舅氏同心者有如河水・

知忠以事君者與詹同・

陽子道與之語・

夫南夷與楚來・

盍姑釋荊與鄭以爲外患乎・

遂與荊人戰於鄢陵・

是故使胥之昧與夷羊五刺郤至苦成叔及郤錡・

獲楚公子穀臣與連尹襄老以免子羽・

悼公與司馬侯升臺而望・

戚與懷各當其所・

則其爲暱與隱也復害矣

聞子與和未寧

謀則無與也

與鮮卑守燎

吾誰與歸

邢侯殺叔魚與雍子於朝

而尸叔魚與雍子於市

與子諫乎

祖伯樂與尹鐸有怨

吾不與皆斃

欲作亂者誰與

范宣子與和大夫爭田

乃益和田而與之和

吾蔑與比而事君矣

趙文子與叔向遊於九原

邢侯與雍子爭田

夫以回鬻國之中與絕親以買直與非司寇而擅殺其罪一也

是見寅與吉射也

請與之戲

其誰與我

其誰與我

（以上晉語用與者七十二處）

甚得周衆與東土之人

姜嬴荆芊實與諸姬代相干也

王將棄是類也而與剸同

夏后卜殺之與去之與止之莫吉

繒與西戎方將德申

寄孥與賄焉

故先王以土與金木水火雜以成百物

與劃同也

若伐申而繒與西戎會以伐周

乃東寄帑與賄

（以上鄭語用與者凡十一處）

子木與之語

故惟東宮與西廣實來

與伍舉升焉

子常與之語

與王心違

願得諸侯與始升焉

將民之與處

吾聞君子唯獨居思念前世之崇替者與哀殯喪於是有歎

余愛子與司馬

盍若求若敖氏與子干子晳之族而近之

（以上楚語用與者十處）

夫吳之與越

齊人與戰於艾陵

民以惡死而欲貴富以長沒也與我同

不可與戰

以與楚昭王毒逐於中原柏舉

君欲與之徼天之衷

不仁則不能與三軍共饑勞之殃

吾與子圖之

豈能涉江淮而與我爭此地哉

無會而歸與會而先晉孰利

彼豈能與我行此危事也哉

攝少司高茲與王士五人坐於王前

乃命王孫雒先與勇獲帥徒師以爲過賓於宋

而以中國之師與我戰

敢問君王之所以與之戰者

吾欲與之徼天之衷

吾與子圖之

（以上吳語用與者十七處）

吾與之共知越國之政

執其手而與之謀

夫吳之與越也

而又與大國執仇

然謀臣與爪牙之士不可不養而擇也

夫差將欲聽與之成

夫差與之成而去之

勾踐載稻與脂於舟而行

吾與君爲二君乎

（以上越語上用與者凡九處。）

（以上周語、魯語、齊語、晉語、鄭語、楚語、吳語、越語上用與者共一百五十五處。）

襄王使太宰文公及內史興賜晉文侯命

有建星及牽午焉

帥傅氏及祝史

襄王使邵公過及內史過與賜晉惠侯命

（以上周語用及者四處。）

其周公太公及百辟神祇實永饗而賴之

及地之五行

天子及諸侯合民事於外朝

及前哲令德之人

及九州名山川澤

（以上魯語用及者五處。）

於是殺奚齊卓子及驪姬

呂甥及郤稱亦使蒲城午告公子夷吾於梁

狐偃及秦晉大夫盟於郇

殺臣之父及七輿大夫

公及夫人嬴氏至自王城

歌鐘二肆及寶鎛

是故使胥之昧與夷羊五刺郤至苦成叔及郤錡

里克及丕鄭使屠岸夷告公子重耳於狄

乃召大夫孟明及公孫枝

是故殺丕鄭及七輿大夫

且使苦成叔及欒黶興齊魯之師

箕遺及黃淵嘉父作亂

而使祁午及陽畢適曲沃

（以上晉語用及者十三處）

欒及儀父施二師而分其室

陳蔡及不羹人納棄疾而弑靈王

（以上楚語用及者二處。）

凡我父兄昆弟及國子姓

（以上越語上用及者一處。）

（以上周語、魯語、晉語、楚語、越語上用及者二十五處。）

第四，『邪（耶）』的用法高先生的斷案是：左傳國語相同，都是『乙』。他並且說：

『沒有「邪」，和左語與魯語一樣』。

但事實上，國語內就有三個這樣用的『邪』字例如下：

抑驪姬之不存側邪。

其惑者未舉夏郊邪。

不知人殺乎抑厲鬼邪。

（以上均晉語。）

第五，還有個高先生未提及的『奈』字，不獨是左傳所無，而且我認爲是國語較左傳晚出之一證。全書共五處，例如下：

秦寇深矣奈何

吾難里克奈何

奈吾君何

奈夫八疾何

（以上晉語用奈者四處。）

孤無奈越之先君何

（以上吳語用奈者一處。）

（以上晉語吳語用奈者五處。）

所謂『奈何』，或『奈某何』者，即是『怎樣』，或『某怎樣呢』。『怎樣』本是句問話，但也是『無辦法』時的口頭語。左傳內凡含有『無辦法』的意味的『怎樣』都用『若何』，國語則加入少數的『奈』字。國策作於秦并天下後（見漢書），其中凡含有『無辦法』的意味的『怎樣』用『若』的有兩處，而用『奈』的則有五十處。而且不獨含有『無辦法』的意味的『怎樣』，『若』與『奈』是一與二十五之比，而且『奈』字更侵入一般的問語『怎樣』的範圍內，據我所查得者凡二十處。我們可以說，左傳是『若』字（指含有『無辦法』的意味者言）的時期，國語是『奈』字初生的時期，國策是『奈』字的時期。國策外，還有個『奈』字晚出的小小旁

「若」字越語下是篇很晚出的東西，與國語他篇不類，這個「若」證。便是越語下內有五個「奈」字而沒有一個「若」字。「奈」升降的痕跡，很可用以定作品之早晚。

高本漢先生說：

「要說一個作家在一部鉅著如左傳裏邊只用「如」，而在另一鉅著裏同樣的常用「若」，那是不可思議的。」

我可以同樣的說：

要說一個作家在一部鉅著如左傳裏邊「于」比「於」多五倍（乙）或相同（丙），「與」和「及」並用，「及」尤其通行，沒有「邪」字表示無辦法的「怎樣」只用「若何」，而在另一鉅著如國語裏，卻是「於」比「于」多四倍（乙）或十六倍（丙），「與」比「及」多六倍，偶用「邪」字表示無辦法的「怎樣」兼用「奈」字，那也是不可思議的。

總結上文，我的結論是：

左傳與國語是兩部各不相干的書。

我的理由是：

（甲）記載上的歧異（例十五則）。

(乙)文法上的歧異共五種:

(一)和(二)關於「於」「于」的;

(三)關於「與」「及」的;

(四)關於「邪(耶)」的;

(五)關於「奈」的。

一九二八,八,二〇,於上海。

附錄四

讀『論左傳與國語的異點』以後

衞聚賢

在第七期『新月』上馮沅君女士共引證了十五條來作討論左傳與國語歧異的根據，其中有十一條正在我所說的魯語晉語係採取左傳而作的範圍中。如果魯語晉語係採取左傳作的，何以又有這十一個歧異之多？她的話不但與我的主張不合，而且有推翻我在國語的研究中一部分主張的趨勢，因此我不能不趁此說幾句話。

她所據的第一例是聲子說楚材晉用的歧異，第二例是黃池會盟吳晉先後的歧異，第十二例是常棣作者的歧異，第十三例是宋城蕭蒙遺害的歧異。第一例與第十三例是楚語，第二例是吳語，第十二例是周語，這都在我說的不是採取左傳而作的範圍中，與我的主張正合，我不必再有所論列。

祇是她舉的第三例以爲晉語說『十月惠公卒』與左傳說『九月晉惠公卒』是歧異，卻未敢贊同。

玆列二書前後相關的記載於左：

『九月晉惠公卒……』（左傳僖二十三年。）

『及河……二月甲午，軍于廬柳；……辛丑，狐偃及秦晉之大夫盟于郇；壬寅，公子入于晉；丙午，入于曲沃；丁未，朝于武宮；戊申使殺懷公于高梁。……三月，晉侯潛會秦伯于王城；己丑晦，公宮火。……晉侯逆夫人嬴氏以歸，秦伯送衞於晉三千人。」（左傳僖二十四年。）

「十月，惠公卒；十二月秦伯納公子。……甲午，軍于廬柳。……辛丑，狐偃及秦晉大夫盟于郇；壬寅，公入于晉師；甲辰，秦伯還；丙午入于曲沃；丁未入于絳，即位于武宮；戊申，刺懷公于高梁。……」（晉語四第一段。）

「元年春，公及夫人嬴氏至自王城，秦伯納衞三千人。」（晉語四第四段。）

茲將二書所繫的年月日列表于左：

事項	書別	日	月	年	備考
惠公卒	左傳		九月	僖二十三年	
	晉語		十月	（僖二十三年）	
軍于廬柳	左傳	甲午	二月	僖二十四年	
	晉語	甲午	十二月	（僖二十三年）	
盟于郇	左傳	辛丑	二月	僖二十四年	
	晉語	辛丑	十二月	（僖二十三年）	
公入晉	左傳	壬寅	二月	僖二十四年	
	晉語	壬寅	十二月	（僖二十三年）	

事件	書	干支	月	年	備註
秦伯還	左傳				左傳未記此事
	晉語	甲辰	十二月	（僖二十三年）	
入于曲沃	左傳	丙午	二月	僖二十四年	
	晉語	丙午	十二月	（僖二十三年）	
即位	左傳	丁未	二月	僖二十四年	
	晉語	丁未	十二月	（僖二十三年）	
刺懷公	左傳	戊申	二月	僖二十四年	
	晉語	戊申	十二月	（僖二十三年）	
公宮火	左傳	乙丑晦	三月	僖二十四年	
	晉語	乙丑	（正月）	（僖二十四年）	晉語未記月
至自王城	左傳		（四月）	僖二十四年	
	晉語		（二月）	文元年春	卽僖二十四年

按上表所列，除首一項「惠公卒」暫不討論外，第二項「軍于廬柳」，左傳有明文記在「二月」，晉語則記在「十二月」；按「十二月」與次年「二月」中間隔一個正月，相差爲整兩個月；這明是左傳用周正，晉語用夏正。文公自王城歸，晉語記在「元年春」，左傳記在「三月……乙丑晦」後，晦爲三月的終日，是文公自王城歸當在四月，四月屬夏，不能云春，晉語說是「春」，也可證明晉語用的是夏正。

晉語既用夏正，則首項的『惠公卒』，晉語的記載，亦當用夏正。按夏正與周正差兩個月，在周正前，依此推算，左傳記『九月晉惠公卒』晉語應記爲『七月惠公卒』，今晉語記爲『十月惠公卒』不合。但按盂鼎、乙敦、伊敦、大梁鼎、秦公敦『七』字均寫爲『十』，是晉語的『十』爲古文『七』字。古文寫法『十』字立畫長，『七』字平畫長，二字以此別。當由篆文寫爲隸書時，把『十』未改成『七』，後人仍當『十』用，卽晉語的『十月惠公卒』爲『七月惠公卒』。

晉用夏正，在左傳中所記絳縣老人計算他的紀年推算而知，並且晉地的竹書紀年也用的是夏正。是晉用夏正沒有問題了。晉既用夏正，左傳記晉惠公卒也是晉國的事，何以牠用周正而不用夏正呢？這個問題在左傳中給我們留下一個很好的證據，就是：

『晉侯復假道於虞以伐虢，……（卜偃）對曰「童謠云『丙之晨，龍尾伏辰，均服振振，取虢之旂，鶉之賁賁，天策焞焞，火中成軍，虢公其奔』其九月十月之交乎？丙子旦日在尾，月在策，鶉火中，必是時也」！冬十二月，丙子朔，晉滅虢。』（左傳僖五年。）

按晉國童謠和卜偃的話均說是『九月十月之交』，何以在敍事文中就變成了『十二月丙子朔』了？這個問題現在的人有一個好例子：如留學西洋的人，他用西曆用慣了，假如寫『國民政府於十七年九月一日實行禁娼，是以一九二八年九月一日後，南京市面不見娼妓行走。』他的『國民政府於十七年九月一日實行禁娼』大半是命令的原文，故可照抄爲『十七年』，下邊是敍述牠的結果，故可順手寫爲『一九二八年』。那麽這『九月十月之交』等於『十七年九月一日，』『十二月丙子朔』等於『一九二八年九月一日』了。左傳的作者卜子夏留學魯國，魯用周正，他用周正用慣了，是以在敍述夏正的地方，不知不覺的就用起周正來了。但國民政府命令原文爲『十七年』而不是『一九二八年』，是留學西洋的，不論用西曆怎樣慣，不能把命令原文的『十七年』改爲『一九二八年』；是以子夏不能把卜偃說的原話『九月十月之交』改爲『十二月丙子朔』的。

國語中記事繫以年月日的，獨晉語中文公悼公卽位兩條。按文公卽位，左傳記的是周正，晉語記的是夏正，前已說過了。但悼公卽位的月日，是否仍一爲周正，一爲夏正？如果左傳仍用周正，晉語仍用夏正，可知晉語是根據晉史記，而不是採取左傳的了。玆列晉悼公卽位的月日於左：

『二月乙酉朔，晉悼公卽位于朝。』（左傳成十八年。）

『二月乙酉公卽位。』（晉語八第一段。）

春秋於文十八年記『十有八年春王正月，晉殺其大夫胥童。庚申，晉弑其君州蒲。』按晉厲公被弑既在周正的正月，晉悼公卽位當不是夏正的二月，因爲夏正的二月爲周正的前年的十二月；十二月時厲公尙未弑，悼公當不能卽位，是左傳記『二月乙酉朔，晉悼公卽位于朝』用的是周正。晉語記爲『二月乙酉公卽位』與左傳同，是晉語也用的周正。但晉語『二月』的『二』字有點小小歧異，就是：

左傳成十八年本條下疏：『晉語云「正月乙酉公卽位。」孔晁云：「二月卽位，言正月者，記者誤也。」』（韋昭對此未注，當係韋昭所根據的本爲『二月』，牠本有爲『正月』的。）

按春秋於成十七年記『十有二月丁巳朔日有食之；』於十八年記『春王正月晉殺其大夫胥童；庚申，晉弒其君州蒲。』按『丁巳』至『庚申』爲六十四日，『丁巳』既爲『十二月』，則次年正月不能有『庚申』，當係周正於十二月後置閏（左傳於此有閏係劉歆竄入故不據）多一個月爲十三月，故『丁巳』爲十二月朔，經過十三月，至次年正月方有『庚申』。周正既有十三月，則夏正與周正相差兩個月，是周正的成十八年二月，應爲夏正的成十七年十三月，云爲『正月』實屬不符。

按左傳於成十七年載『六月戊辰士燮卒』，與晉語六第八段說『七年夏范文子卒』相符；左傳於成十七年十二月記『攻郤氏』，與晉語同條記『冬難作始於三郤』相符；左傳於成十八年正月記『厲公弒』，晉語六第十段記『長魚矯……乃奔狄，三月（自奔狄至厲公弒爲三個月）厲公弒』相符。左傳晉語前段記載的均相符，不應於後段記載的差一個月，而且不是應當相差的數。

『十三』或『閏』字均與『二』字筆畫差的很多，惟『正』字善夫克鼎爲『王』，無異𣪘爲『王』，是『正』與『二』中間只差一個『卜』，卽『正』與『二』是形近而譌的字。是晉語記悼公卽位用周正，是根據左傳而作的。

晉語採取左傳作的，我在國語的研究中，已用比較文法學證明了，茲以晉用夏正，悼公卽位也應用夏正，而反用與左傳相同的周正，這是晉語採取左傳作的，又添了一個確證。但文公卽位的月日，晉語何用夏正而未採取左傳；獨於悼公卽位用周正，始採取左傳呢？這是晉文公歸國未久，一舉定周，再擧破楚，三擧而諸侯服；這種創霸迅速而且偉大的，爲後來所未有，後人羡慕他的，推求他所以創霸迅速偉大的原因。由於他出亡受過種種困苦，是以把牠記載起來。這種記載在晉國方面固然樂於宣傳，而在他國羡慕的方面也是好於搜求一讀。是以重耳出亡的記載徧地皆有，故晉語的作者卽根據此種宣傳品而記入用夏正的。悼公雖是復霸，但遠不及文公，晉國或有宣傳品，而他人未必去看，是以晉語的作者對於悼公未有較左傳詳的史料可採，故祇得採取左傳而記周正。

俗話說『遠路和尙會念經』，可見普通人的心理，對於最負聲望的人，本鄉人的推崇遠不及他鄉人。孔子的行爲在魯國出產的論語不見得甚麽，而到了楚人作的魯語上就有識『土怪』『丕砮』『大人骨』的神話記載；是以重耳出亡事在晉國的左傳中祇記了約九百字，在楚國的晉語中卻記了約有三千一百五十餘字，成爲一與三・五之比。但晉文公曾大破楚軍於城濮，楚人若是宣傳的太過了，恐於己不利，是以晉語中記重耳出亡到楚，曾爲楚王『稽首』。

沅君女士提出『九月』與『十月』不符，這是晉語的作者根據晉史記原稿，左傳的作者因習慣成了自然，順手把原稿上『七』寫成『九』，是此歧異，有牠特別的原因。

沅君女士又舉的第四、第六、第八、第九、第十五、第五、這七條例，都是文法上關係，不算甚麼歧異，茲言於左：

第四例說：『國語言晉公先殺箕遺等而後逐盈，左傳反之。國語逐盈於曲沃，左傳言於著。』

按晉語對於此事的記載，一爲總題，二爲分敍；分敍內的第一段爲議論，第二段爲事實。總題爲『平公六年，箕遺及黃淵嘉父作亂，不克而死，公遂逐羣賊。』分敍第一段爲『謂陽畢曰……公許諾』，第二段爲『盡逐羣賊，而使祁午……無內亂也』。第一段是解釋總題的『公遂逐羣賊』的原因，第二段解釋總題的『公遂逐羣賊』的事實，故『逐羣賊』羣賊亦包括欒盈在內，即就是『逐欒盈』。是以『而使……逐欒盈，欒盈出奔楚，』即就是羣賊被殺，羣賊的主帥逃走。

左傳說：『懷子好施，士多歸之，宣子畏其多士也，信之。懷子爲下卿，宣子使城著而逐之，秋，欒盈出奔楚。』晉語說是逐欒盈於曲沃，左傳說是著，總之，欒盈之逐，不是設法把欒盈執住的，故不論在甚麼地方，逐總有一番戰爭，戰的結果，箕遺、黃淵、嘉父、司空靖、邴豫、董叔、邴師、申書、羊舌虎、叔羆十八人陣亡，伯華、叔向、籍偃三人被擒，黨羽既亡，欒盈不得不奔。孔子推崇伯華（大戴禮及史記仲尼弟子列傳都說孔子與銅鞮伯華爲友而不幷世）子夏推崇叔向（左傳中對於叔向很是吹噓）是以左傳將此事歸罪在欒盈身上，故首書『欒盈出奔楚』，繼書『宣子殺箕遺……』，晉語照原來的現狀敍述，故先說『箕遺……死』而後說欒盈逐。是此歧異，因特種原因，而書法不同。至於著與曲沃，按欒盈的根據地在曲沃，於多士的根據地，逐之不易，故使城著而分其勢。晉語以其根據地在曲沃，直至曲沃逐之卽了其事，故把『使城著』分勢的一幕略過。

第六例說：『國語言士蔿發議論在未出師伐霍時，左傳則說在滅霍班師之後。』按左傳敍述此事共分四段，爲：

『晉侯作二軍，公將上軍，太子申生將下軍，趙夙御戎，畢萬爲右，以滅耿，滅霍，滅魏。』（第一段）

『還，爲太子城曲沃，賜趙夙耿，賜畢萬魏，以爲大夫。』（第二段）

『士蔿曰「太子不得立矣，分之都城而位以卿，……其無晉乎？」』（第三段）

『卜偃曰「畢萬之後必大，……必復其始。」』（第四段）

第一段記出師的情形，第二段記賞功的情形，第三段記賞申生，不當追述事前人的議論，第四段記畢萬封地太好，追述事前人的卜筮。這四段記載的很淸楚，不宜混在一起看。

畢萬的封地太好，後有列侯之勢（因卜子夏未見到魏文侯爲侯），他說在未戰以前畢萬筮仕於晉時，其筮『遇屯☳☵之比☵☷』爲『公侯之卦也。』而於申生的賞又『城曲沃』，他說在師未發前士蔿已說『分之都城而位以卿，先爲之極，又焉得立？』這兩段都是『遡筆法』。

左傳說：『分之都城而位以卿』；晉語說：『今君分之土而官之』，而晉語的這句話有明文說是在『師未出』以前，說的是這『今君分之土而官之』與『分之都城而位以卿』，皆指莊二十八年『使太子居曲沃，重耳居蒲城，夷吾居屈」的曲沃而謂之『分土』，晉獻公前既爲太子城曲沃（卽『分之都城』與『分之土』），茲又爲『太子申生將下軍』（卽『而位以卿』與『而官之』），士蔿是以發議論。按閔二年『晉侯使太子申生伐東山皐落氏……公衣之偏衣……先友曰「衣身之偏……」』其發議論也在師未出前，以左傳文法例之，士蔿發議論也在師未出前。不過左傳用的『溯筆法』寫在『還』後，看起來好像在『還』後發的，但這『還』是說『爲太子城曲沃』爲賞太子滅耿滅霍滅魏之功，與士蔿發議論的時間無涉。是沅君女士此例不足爲證。

第八例說：『「天災流行，國家代有……」國語以爲穆公語，左傳以爲百里奚語。』

第九例說：『國語言秦伯親對韓簡，左傳言秦伯使公孫枝對韓簡。』

第十一例說：『國語言閻沒女寬二人自動的諫魏獻子，左傳言魏戊教二人諫。』

乙書採取甲書時，則乙書語句較甲書明顯，而事實較甲書簡略。因爲甲書是過去的，不把過去的古奧的語句改爲現在通行的語句，是以明瞭，乙書自有牠的作用，故採取甲書上史料時，只把牠應採取的採取，不必把甲書上的原文照抄下來，因而簡略。史記採取左傳語句較左傳明顯，而事實較左傳簡略；晉語採取左傳，故晉語較左傳明顯（詳國語的研究），而事實當較左傳簡略。故第八例晉語把左傳載的百里奚告秦穆公一段話省略，直書爲秦穆公語。第九例晉語把左傳載的秦伯使公孫枝的語省略，直書爲秦伯語。第十一例晉語把左傳載的魏戊教二人的話省略，直書爲閻沒女寬語。

第五例以爲『用幣』國語說是夏父展的話，左傳以爲是御孫的話。

左傳於莊二十四年刻桷用幣兩條，都是御孫的議論，魯語於刻桷條說是匠師慶的議論，用幣條說是宗人夏父展的議論。按慶是匠師，當掌管刻桷事；夏父展是宗人，當掌管用幣事；御孫是大夫，當掌管諫議事。莊公刻桷用幣，大爲非禮，御孫當自知諫之不聽，使專管刻桷的匠師，用幣的宗人陳說利害，或可挽回。夏父展說『臣從有司，懼逆之書於後也，故不敢不告』，這是宗人所應當說的話，當是夏父展述御孫的話。至下文的『夫婦贄不過棗栗……』，這是宗人自己所應說的話。故知慶夏父展二人的話，都是御孫所教，魯語對此兩條，把御孫一幕完全略過。

沅君女士在此未曾舉出，曾向我說過，魯語莒大子僕出境是里革所遣，左傳（文十八年）是季文子使司寇所遣。按此事魯語說：『宣公使僕人以書命季文子』，是此事與季文子有關。左傳記『季文子使大夫克（即里革）』對宣公，魯語直接就是里革，這也是略去背後季文子主使的一幕。

第十五例說：『國語言晉公子與秦伯賦詩在「他日」的次日，左傳言即在「他日」。國語言晉公子賦黍苗河水，秦伯賦采菽、鳩飛、六月，左傳言晉公子賦河水，秦伯賦六月。』

按重耳出亡事，晉語記載的特詳，故晉語較左傳多了個賦黍苗、采菽、鳩飛三詩，並且在他日的次日，故這是例外。

第七、第十、第十四這三條例，都是人名上的歧異。

按第十四例的『苑支』與『鳶鞮』，『苑支』是『鳶鞮』的轉音。第十例的『發鉤』與『茂』（漢書注引左傳作『茂』，今本左傳作『茷』係誤），『茂』是『發鉤』的拼音。第七例的『僕人贊』與『先丹木』，按『僕人』是官銜，『贊』是名。是『先丹木』姓『先』名『贊』字『丹木』，亦未嘗不可。

以上沅君女士所舉的歧異，在我看來，俱不足爲歧異的。

沅君女士曾向我說，越語下稱范蠡爲『子范子』，此種名稱當係晚起。除這與我主張越語下係晚出的補證外，沅君女士又舉出國語用『與』作『和』多於左傳用『及』作『和』，並國語用『邪』『奈』，都與左傳文法不同，證明左傳與國語原非一書。除歧異的部分與我主張不同外，是與我的國語的研究很有幫助，這是我感謝的，並且希望她再作進一步的研究。

此外左傳與國語原非一書，我還有一個相當的意見，就是左傳於晉推崇叔向，於周推崇萇弘，於齊推崇晏子，於鄭推崇子產；國語於周推崇單襄公，於楚推崇左史猗相，於魯推崇公父文伯之母。左傳推崇的多是些『博物』家，國語推崇的多是些『知禮』的人，二者思想不同。但國語推崇的左史猗相，左傳討厭他；左傳推崇的萇弘，國語也討厭他；左傳推崇的叔向，國語不注意他。國語推崇的公父文伯之母，左傳不注意她。二者思想是相背的。

一七，九，二八，於南京。